U0019566

自之自了。錢[illegible]金[illegible]能[illegible]不[illegible]
酷熱嚴寒。冰霜雨露。都不能動搖我
獨立的人格。
領導人家。首先自己應變為群眾中的
一份子。領導者不過多負一份責任耳。
任何決定都應建立於大眾利益之上。
要將政府之意向及行動向大眾公開。從
政者應接受大眾的意見與批評。而隨
時改進進步。
一個有學識的專家。因為不能當機立
斷。而不能成為領導者。
把朋友的成敗。看作自己切身的成敗。

無論國際情勢如何變化。以本國利益計。還是要很現實的尋求與美日之合作。在軍事上。力求作戰自力化。我應有充份之反潛、反快艇、與絕對之制空力量。三軍全力支持外島與海域之防衛警備確保本省之治安與安全。使責有所歸。在政治上一組織彈性化。人事均衡化。今後立法機構代表之產生。應不拘泥於現有法律並選擇適當之台藉人士。任以重要之職務。悦之。確保民心之團結與安定。實予當務之急。在經濟上一產業革新化。貿易改進

[illegible]

劉自然妻攜標語至中正路美國大使館抗議（聯合報／圖）

雷諾槍殺劉自然案
美軍法庭判決無罪
八陪審員昨午投票決定

辯護律師發言
强調雷諾自衛
檢察官亦作有力控詞

美記者報導
宣判後情景

讀者呼籲捐款
助孤苦未亡人

劉自然事件（報訊），右下小圖為涉案人雷諾上士（黃清龍／翻拍）

中壢事件後重新開票，許信良高票當選桃園縣長，正式宣誓就職（中央社／圖）

美麗島事件，陳菊出席軍法大審（聯合報／圖）

1970 紐約刺蔣案，開槍者黃文雄被捕（歷史照片）

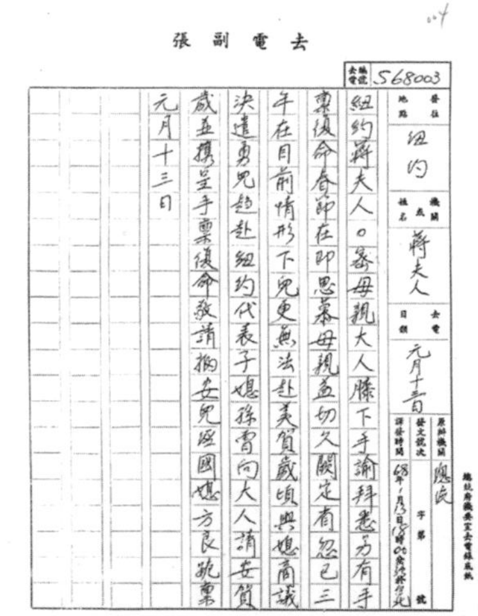

去電副張

去電號數 568003

地點 紐約

機關或姓名 蔣夫人

去電日期 元月十三日

紐約蔣夫人。母親大人膝下手諭拜悉另有手稟復命春節在即思慕母親益切久闕定省忽已三年在目前情形下兒更無法赴美賀歲頃與媳商議決遣勇兒趨赴紐約代表子媳孫曾向大人請安賀歲並攜呈手稟復命敬請福安兒經國媳方良跪稟

元月十三日

譯發時間 68年1月13日18時00分

總統府機要室去電錄底紙

1979 蔣經國手書擬遣蔣孝勇代表向宋美齡請安（國史館／圖）

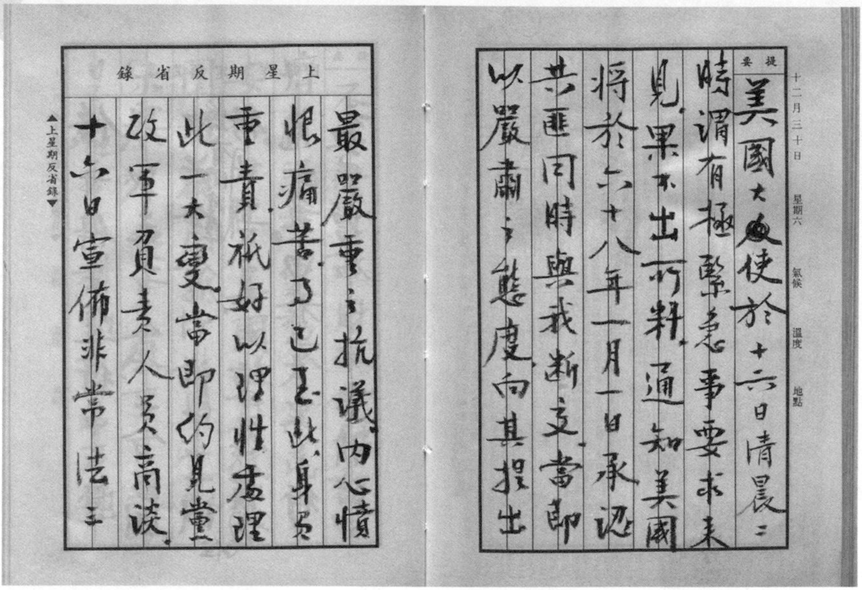

1978 年 12 月 30 日 台美斷交日記 其一（胡佛檔案館提供）

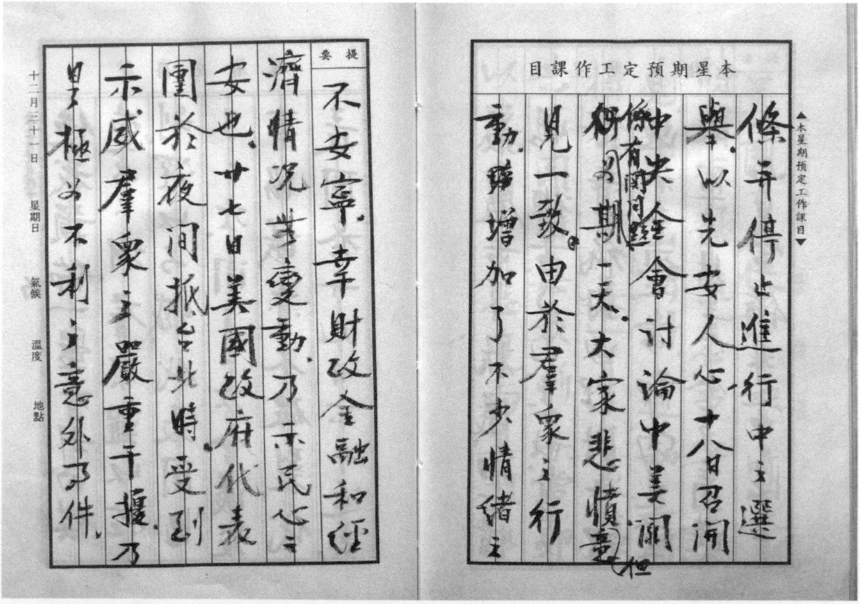

1978 年 12 月 31 日 台美斷交日記 其二（胡佛檔案館提供）

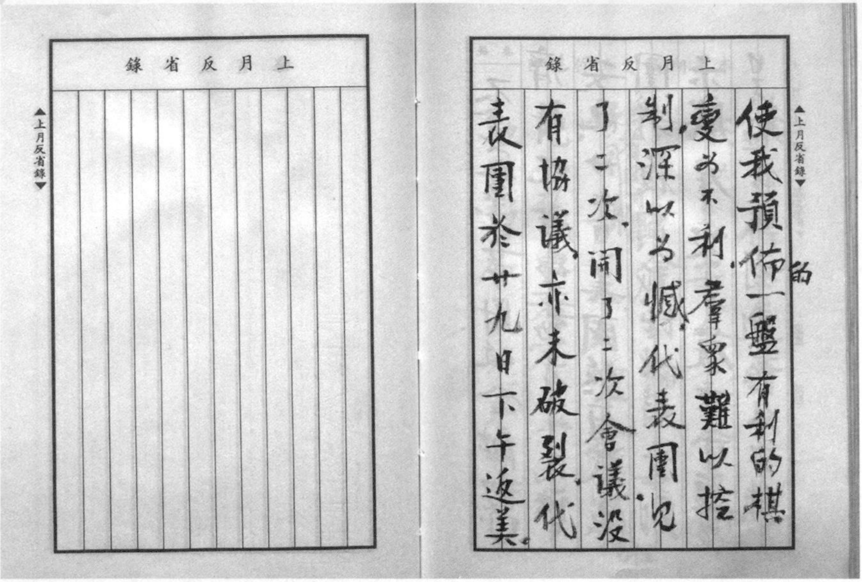

上月反省錄

使我預佈一盤有利的棋變為不利，章象難以控制，深以為憾。代表團見了二次、開了二次會議，沒有協議，亦未破裂。代表團於廿九日下午返美。

1978 年 12 月 31 日 台美斷交日記 其三（胡佛檔案館提供）

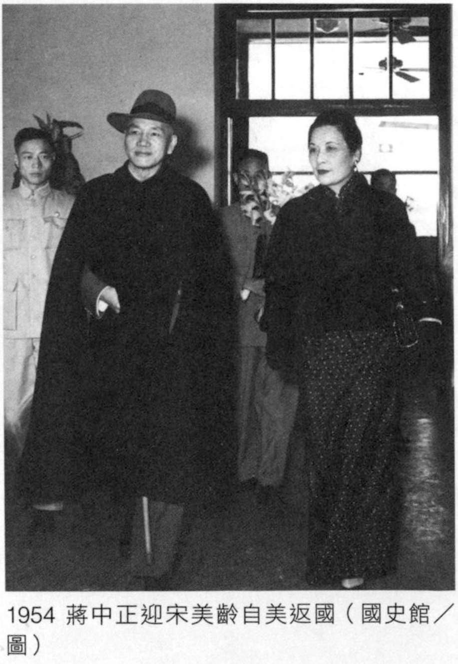

1954 蔣中正迎宋美齡自美返國（國史館／圖）

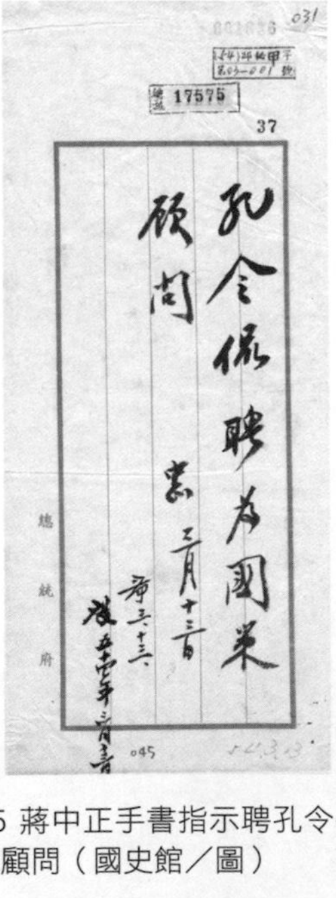

17575

37

孔令侃聘為國策顧問

三月十三日

總統府

1965 蔣中正手書指示聘孔令侃為國策顧問（國史館／圖）

蔣經國懷抱長子蔣孝文，旁為母親毛福梅（國史館／圖）

蔣經國全家合影（國史館／圖）

1945 蔣經國與妻蔣方良合影（國史館／圖）

章亞若獨照（歷史照片）

王繼春遺像（國史館／圖）

1966 蔣中正與韓國大統領朴正熙伉儷合影（國史館／圖）

1986 總統蔣經國接見副總統李登輝（國史館／圖）

蔣孝嚴近照（黃清龍／攝）

史丹佛大學胡佛檔案中心（黃清龍／攝）

黃清龍 著

蔣經國日記揭密

全球獨家透視強人內心世界與台灣關鍵命運

Chiang Ching-kuo's
Diary Revealed

目錄

推薦序　蔣經國全貌的最後一塊拼圖　吳豐山　5
自　序　我如何與兩蔣日記結緣　黃清龍　19
第1章　蔣經國與安眠藥搏鬥一生　33
第2章　時代考驗蔣經國　43
劉自然遭美軍槍擊事件　44
一九七〇年紐約刺蔣案　51
狂風巨浪退出聯合國　59
中壢事件爆發　70
朴正熙遇刺身亡　77
深夜驚聞台美斷交　83
排山倒海美麗島事件　112
神祕核武發展　123

第3章　蔣經國評論政敵、部屬與黨外人士　135
為何選擇李登輝而非林洋港當副總統？　136
陳誠與陳履安父子——一道難解的習題　144
蔣經國評論黨內人士：孫運璿、王昇、谷正綱、周宏濤、閻振興、邱創煥、王新衡、任顯群　153
蔣經國評論黨外人士：陳菊、許信良、康寧祥、殷海光　172
第4章　蔣經國的親情與愛恨　185
對父親的敬畏與崇拜　186
對母親的追憶與懷念　196
對子女的恨鐵不成鋼　202
對繼母與孔宋的憎怨　217
第5章　蔣經國的愛情世界　229
蔣經國與章亞若——私生子之謎　230
蔣經國與蔣方良——異國婚姻的哀愁　251

第6章　蔣經國是不是改革者？　255
附　錄　恩惠與決裂——吳國楨和兩蔣關係　275

推薦序——
蔣經國全貌的最後一塊拼圖

吳豐山

一、

蔣經國是中華民國第六、七任總統，是歷史人物。

他從一九三七年五月，應乃父要求開始寫日記，乃父過世後照寫不誤，一直寫到一九七九年十二月底，因健康不佳、視力惡化才停筆。

蔣經國的日記原由其子蔣孝勇保管。蔣孝勇過世後由夫人蔣方智怡保管。蔣方智怡後來擔心台灣政壇風雲變幻莫測，乃於二〇〇四年將日記全卷送往美國史丹佛大學加密暫存。

黃清龍是本人在自立晚報服務時的同事。他得知蔣的日記解密開放，乃於二〇二〇年初赴美，在史丹佛大學胡佛檔案室閱讀蔣經國日記，返台後寫成這本解讀著作。

二〇二〇年五月下旬，黃清龍伉儷來我辦公室，希望曾是蔣經國時代媒體人的我，寫一篇推薦序。本人一因認為盡可能了解歷史真相有其必要，二因對黃清龍君的學養有十足信心，便就欣然應命。

二、

蔣經國出生於一九一〇年，也就是大清王朝的最後一年，是蔣中正與毛福梅的獨子。十五歲的時候，因乃父政治考量，被遣送蘇聯讀書。俄文名字尼古拉·維拉迪米洛維奇·伊利札洛夫。他在那裡停留了十二年。一九三七年攜俄籍妻子回到中國的時候，他的父親早已開府南京，成為中國軍政新領袖。

從共產蘇聯返回中國的蔣經國，奉父命在浙江溪口祖鄉讀了兩年書，然後被任命為江西省贛南地區行政專員。一九四四年轉往重慶任三民主義青年團中央幹部學校教育長，從此父子形影不離。蔣中正在丟掉大陸江山後，攜帶國庫黃金、殘餘部隊、部分中央民意代表和一批財經幹才前來台灣，「復行視事」，重建江山。

蔣中正從一九五〇年統治台灣到一九七五年過世。前頭二十三年，蔣經國歷經黨、政、軍、特領域磨練，然後於一九七二年出任行政院長。

在嚴家淦總統短暫過渡後，蔣經國於一九七八年經國民大會選舉為第六任總統。一九八四年再當選為第七任總統。越三年餘，於任上過世，結束台灣史上的所謂「兩蔣時代」。

三、

嚴格講，蔣經國叱吒風雲、動見觀瞻，前後至少三十年，相關記述他的人與事的文字，車載斗量。蔣過世之後，不斷有記述他的書冊出版。一大批曾受過他提攜的文武大員留下的回憶錄，也都對他有所著墨。如果把他的政敵的記述也加在一起，那麼蔣經國的面貌早已頗為清晰。

不過，蔣的內心世界，如果不透過他的日記，難以完整得知。此所以他的日記成為了解蔣經國全貌的最後一塊拼圖。

我在寫這篇序文之前，當然要先詳細拜讀黃清龍君的記述和解讀。黃清龍君畢業於政治大學新聞系，後來曾在美國哥倫比亞大學和布魯金斯研究院東北亞中心進修。幾十年媒體生涯，都做政治新聞採訪和評論，也就是說，基本上他是一個十足新聞人。

黃清龍君在把書稿交給我的時候，跟我說，他在看過蔣經國日記之後，對蔣心生無限同情。黃說蔣在擔任行政院長和總統的十七年間內外交迫，長期失眠，甚至多次自我記述想一死了斷。

黃君同情，我有同感。不過，這就使我想起了國學大師錢穆。他說「知道歷史，便可知道裡面有很多問題，一切事情不是痛痛快快，一句話講得完。」

我也想起歷史學家黃仁宇。他說「盲目恭維不是可靠的歷史，謾罵尤非歷史。」

我還想起上個世紀六〇年代的美國總統甘迺迪。他在激烈角逐後勝過尼克森，入主白宮，不久之後愁眉苦臉，告訴到白宮去看他的尼克森：您假使還想要這個位置，我現在就可以送給您。

四、

一九四八年到一九五〇年，蔣中正在中國大陸兵敗如山倒，樹倒猢猻散。敗退台灣後，腳跟還沒站穩，美國一紙白皮書雪上加霜，蔣氏政權風雨飄搖，多虧韓戰爆發，美國政策改弦更張。這個時候蔣氏父子及其僚屬，檢討大陸失敗原因，得到的結論，不是「腐敗失政、離心離德」，竟是「異議分子為匪張目」、「到處都是匪諜」。其後清除異己，也殃及很多無辜。史稱「白色恐怖」。

韓戰爆發後，美國不僅重新扶持蔣氏政權，還締結了共同防禦條約。但美台關係在其後長達十餘年聯合國席位保護戰過程中逐步生變，演變到一九七九年斷交是一個段落。斷交後美國以「台灣關係法」卵翼台灣是一個段落。可是蔣經國日記自始至終稱美國為美帝。連美國駐台大使請他吃飯看電影，他都認為痛苦厭惡。

蔣經國雖然是太子，但向上攀爬的路途中也是挑戰多多。在戒嚴後期，民間異議人士也把他當箭靶。

歷史真是百般弔詭。

把時間拉長了，弔詭的面目更清楚。

——當年美國希望以「雙重代表權」替台灣解決聯合國席位問題，蔣氏父子痛斥這種一中一台政策居心叵測，今天台灣多數民意卻求之而不可得。

——蔣經國是一個個性極其強烈的人物。在日記中，蔣不掩藏他對周邊文武大員的好惡。蔣顯然自認頗有識人之明，可是把時間拉長了，他本來認為不可信任的人，後來中規中矩；他本來認為極其可靠的人，後來卻成了他的叛徒。

——政治充滿了虛假，或者如故謝東閔副總統說的「政治虛虛實實、真真假假」。蔣對他的繼母宋美齡，凡事「兒經國跪稟」。在各種對外場面，母子表現相親相愛，但宋對蔣常常斥責，蔣對宋常常痛心至極。這當中有些是政策歧見，有些仍是權力爭奪。一家人本應利害與共，但權力之為物，讓人變成真假難分、虛實莫辨！

至於蔣對諸如陳誠、吳國楨這些死對頭，以及要求結束一黨統治的民主人士沒有半句好話，想來也是自我中心之必然。

五、

黃清龍君說我曾是蔣經國時代的媒體人，基本上並無違誤。蔣經國於一九七二年出任行政院長，一九八八年在總統任上過世。這十七年間，本人一直在自立晚報服務，十七年中間有十年時間還擔任國大代表。

蔣出任行政院長的前一年，我發表台灣農村田野調查報告，要求政府面對農村凋敝。情治單位認定本人仿效毛澤東撰寫「湖南農民調查報告」，顯然要造反，對我開始監控，但蔣的副院長徐慶鐘和黨中央秘書長張寶樹這兩位農業博士不認同。蔣後來編列巨額預算，推動「台灣農村振興方案」。

一九七八年，蔣當選總統後，我發表〈假如我是蔣經國〉一文，建議他勇敢面對世代交替、推動改革、扎根台灣、造福吾土吾民。當時報社裡的國民黨籍高層認為我對元首不敬，可是蔣並未如此看待。稍後我請假返回台南縣故鄉競選連任，蔣來電召見。在總統府的小會客室考了幾個台灣風土題目後，問我「你選舉需不需要幫忙？」。我說不需要，但請不要像六年前一樣，把幫我助選的小學校長、堂兄、胞妹開除黨籍。我說「這樣做跟共產黨有什麼兩樣？」，蔣竟然也接受了。

其後不久，蔣孝武來電約我見面，說他父親總是罵他結交了太多酒肉朋友，應該交些益友互相切磋。蔣孝武說他父親指名道姓，所以他才找我。

蔣過世後，他的辦公室主任王家驊告訴我，蔣晚年不能看報，王負責讀報，如果太久沒有讀我的批評文章，蔣經國會問「有沒有吳豐山專欄？」

我還曾在已故行政院長李煥的回憶錄上看到「民國六十四年五月二十三日上午十時，蔣約見，問：『有個吳豐山您是否認識』。」李煥記述，蔣認為吳豐山很多論點客觀，要李煥「多加注意這位年輕人」。

曾經擔任蔣院長和蔣總統的副秘書長一職長達十七年之久的張祖詒先生，退休後與我成為忘年之交，我從他那裡聽到很多蔣經國的感人故事。張祖詒今年高齡一百零二，依然寫作不輟。

以上這些事情又呈現出蔣經國的另一面貌。

六、

本人觀看台灣政壇動態前後數十年，當然注意到政治人物的性格會隨著年歲的增長而遷變，當然注意到政治人物的言行會隨著利害關係的算計而轉動。

晚年的蔣經國，權力定於一尊，圓融已壓過氣焰，跟青年時期的年少輕狂和中年時期的殺氣騰騰已截然不同。

也正因為蔣經國有多重面貌，所以我要提醒各方讀友，蔣經國日記其實就像一架飛機上的黑盒子；黑盒子只記錄駕駛艙的對話和機件數碼，並不一定就是真相的全部。

我們假如把國家當作一部機器，那麼蔣經國日記就是中華民國這部國家機器的黑盒子之一；這個蔣經國黑盒子只記錄蔣經國的視野和心思；它是蔣經國的一部分，不是蔣經國的全部；是真相的一部分，不是真相的全部。

七、

著有十二鉅冊《歷史研究》、名揚國際的已逝英國歷史學家阿諾爾得・約瑟・湯恩比（Arnold Joseph Toynbee, 1889-1975）認為，文明得以崛起在於少數領導人成功應對了環境挑戰。

本人認同湯恩比的歷史觀。

因此，我在書寫這篇序文的時候，重新檢視台灣四百年開發史，重新檢視七十年來的美、中、台關係，並比對相關數字，做出以下評斷：

——蔣經國生於帝王之家，但他基本上仍然是眾生之一員。日記中的恩怨情仇、悲歡離合、生死掙扎是大時代的生命常態。不管如何，蔣已過世三十幾年，這些都早已隨風而逝。

——作為國家頭人的那十七年，他在極其艱難的客觀環境下，從事十大建設，為台灣的生存發展奠定了階段性基礎。十七年間，台灣的國家產出從七四八八百萬美元，成長到一一八二七九百萬美元，將近十六倍，洵屬不易。

——從事台灣民主運動的人士在蔣經國的日記中雖然一律被敵視，甚且咬牙切齒，但戒嚴在他任上解除，黨禁在他任上放手；以結果論，硬要說他獨裁鴨霸一生，並不究竟。

——蔣經國長時間大權獨攬，但他沒有像亞洲、非洲、中南美洲的某些不肖統治者一般，貪饜成習，積攢一人一家之財富，頗為難能可貴。

——加減乘除、綜合計算之後，我要說，那些父祖因他而冤死的人，或者不幸坐過冤獄的人，或者被他鬥臭鬥倒的人，對他心懷仇恨，應被理解。如果可以切開這一部分罪惡，然後把他擺放在台灣四百年開發史上持平看待，應認定他功大於過。

八、

蔣經國是一九八八年一月十三日凌晨在大直官邸大量吐血後壽終正寢。一批黨政大員被電召前往官邸看蔣的遺容。有幾位當時在場的大員，後來親口告訴我，當他們看到蔣的大體孤寂地瑟縮在一張小床上，不禁想到臨終前那幾年，蔣仍拖著病體，坐著輪椅，在眾人面前硬擠出一張笑臉；當時之際，人人不禁淚流滿面。

我不曾為蔣流淚，不過三十幾年來，我從不掩藏我對他最後十七年整體表現的肯定。

歲月如梭！三十幾年來，台灣又已換過四位總統。應該這樣說吧：時代不同了，再也沒有任何一位總統可以隨便造成冤枉；全民直選總統是新制，民粹必然當道，政商分際必然模糊，能夠通過直選試煉當選國家元首，也必然各有所長；不過，論元首之親民，尚無人出蔣之右；論對美國霸權之警覺，尚無人比蔣機敏；論對錢財之節制，蔣迄仍高居榜首。

讀史的目的在於以古為鑑，策勵未來；所以本人一憑良知，劃分功過，辨明虛實，比對長短，直言不忌。

九、

黃清龍君解讀蔣經國日記，目的單一。他要本人寫序，我理當只聚焦一點。不過，我有不得已的理由，最後必須節外生枝。

我是一個徹頭徹尾的台灣本位主義者，我從台灣人民的角度看待歷史。從人民的角度看歷史，台灣治權多變，但對無權無位的廣大人民而言，榮枯貫連；因而明鄭時期的陳永華、日據時期的後藤新平、八田與一、滿清時期的劉銘傳都應被認定是曾經為台灣這塊土地流過汗水的人物。

兩蔣七十年前來台，無疑是國共內戰的延續。可是中共得到江山前期，失政敗德，民生困頓，倫常紊亂。如果那時候是中共入主台灣，情況會比白色恐怖更加不堪！

蔣經國來台那一年四十一歲，血氣方剛。到了一九七二年出任行政院長的時候已六十又三，他顯然已體察出必須老死台灣的現實，所以他不但刻意處理本土人士的權力分配，而且還公開說他也是台灣人，甚至於言明蔣家不會萬世一系；那麼，即使稱它外來政權，此時也已啟動易轍。

蔣過世後本土人士出任總統，演變到一九九六年直選總統、二〇〇〇年政黨輪替，歷史的腳步已從國共內戰的遺緒變成一中一台兩岸競合；而蔣經國當家的那十七年恰好是第一階段的結尾和第二階段的開端。

本人特意點明這些流變，目的是要藉這篇序文的結尾正告同胞：

——混亂時代造成同胞之間各有不同的歷史記憶和感情，必須相互理解。

——「政黨輪替」意謂概括承受。中華民國國祚延續的「政黨輪替」不是「改朝換代」，因此只可釐清真相、劃分功過、道歉賠償；如果硬要清算、鞭屍、抄家滅族，一定會造成台灣內部的新紛擾。

——「意識形態」通常只是淺薄思維，不可當作真理。

——兩千三百多萬同胞各有不同的過去，如今各不同族群卻都必須面對共同的未來。

一言以蔽之：山川無聲，天地有道；開闊胸懷、包容寬恕、同心同德、壯大台灣，才是台灣永續生存發展的不二法門。

是為序。

自序——

我如何與兩蔣日記結緣

黃清龍

二〇二〇這一年很不平靜，彷若前兩次庚子年重現，總是給人震撼、帶來痛苦；病毒把全世界整得七零八落，每個人都有些身不由己。如此不安的環境，竟讓我偷得三個月的空閒時間，完成這本十萬字的書，說起來自己都覺得不可思議。

筆耕原是本份之事。媒體工作三十多年，「不會作詩也會吟」。但為什麼跟兩蔣日記結緣呢？說遠一些，當年聯考填志願時陰錯陽差，該上台大歷史系卻跑去政大讀新聞。還好，「今天的新聞就是明天的歷史」，倒也不算離太遠。大四下學期學長找我幫忙，把《自由中國》社論分類做摘要，就這樣天天跑社資中心看雜誌、記重點，竟然從第一本看到最後一本。那還是解嚴前的八〇年代初，正是禁忌待解未解之際，幾個月「苦讀」後赫然發覺：原來當時社會上熱論的議題，如國會改選、地方自治、解除戒嚴、開放組黨等，《自由中國》廿多年前都已探討過。我們關注的所謂「新聞」，其實是多年前的「歷史」。《自由中國》像一扇窗，開啟了我對新聞與歷史辯證關係的認識。

大學畢業進入媒體，待了幾個不同的報紙，有的大、有的小，有的新、有的老，有的藍、有的綠。常有人問：媒體五顏六色，該如何調適？其實只要「我心如秤」，任爾東南西北風，自有揮灑空間。當然，合則來，不合則去，底線還是要有的。就這樣，親身經歷解嚴後的國會改選、省市長民選、首次總統民選、第一次政黨輪替……，不知不覺中，曩日談論的「未來」忽然成為「現在」，如今回看又已變成「過去」。新聞和歷史，果然就是一對雙胞胎！

二〇〇六年卸下報社主管職位，抓住機會到美國進修兩年，第一年在紐約哥倫比亞大學東亞所，隔年轉到華盛頓布魯金斯研究院東北亞中心。剛巧《蔣介石日記》對外開放，在好友郭岱君的提點下，趁人在美國之便到史丹佛大學看了幾回日記，又有新的發現：原來新聞會死去，歷史卻可以活過來！

這批日記原本放在台灣，蔣孝勇過世後就由蔣方智怡保管，二〇〇〇年台灣第一次政黨輪替後出現「去蔣化」風潮，家屬擔心兩蔣日記可能不保，因此在二〇〇四年將日記送到美國史丹佛大學暫存。至今仍忘不了每次看完日記，在胡佛檔案館教授休憩室與來自兩岸、韓國、日本的學者，邊喝咖啡邊分享讀日記心得的氣氛。龍應台為了寫《大江大海一九四九》，也到胡佛看日記，還有前國安會秘書長胡為真，他想知道《蔣介石日記》是如何寫他父親胡宗南。大陸學者去了很多，最勤快的莫過於楊天石教授，他對民國史專研之深令人敬佩，每回聽他講述都入神到忘了白日將盡。總之，那是一段無法忘懷的探索之旅。

二〇〇八年八月返台後，重回報社崗位，陸續發表十多篇閱讀日記的文章，包括〈蔣介石與二二八〉、〈蔣介石日記秘聞之韓戰系列〉，以及〈恩惠與決裂——吳國楨和兩蔣關係〉等，雖非嚴謹的學術著作，倒也引起一些迴響。當然海內外史學界的收穫最大，陸續出現不少精彩著作，楊天石的《找尋真實的蔣介石》更是叫座。學界咸認《蔣介石日記》的開放，不但解開許多歷史謎團，甚至推翻了過去的歷史認知，對中國近代史的研究起了巨大作用，因此對於即將跟著開放的《蔣經國日記》，都抱以很高的期待。不料，由於蔣家家屬對日記所有權出現爭議，進而引發訴訟，連帶也使《蔣經國日記》的開放延後十多年。

說來也巧，每當我工作崗位轉換時，兩蔣日記總會適時迎面而至。二〇〇六年閱讀《蔣介石日記》是如此，二〇一九年十一月傳出《蔣經國日記》即將開放，當時我正準備從報社退休，有較多空閒時間。退休後籌組「信民兩岸研究協會」，十二月二十五日剛開過協會成立大會，不久就收到華府友人來信，邀我以協會理事長身分拜訪華府智庫，回程可以到史丹佛大學看《蔣經國日記》，真是再好不過的安排了！於是農曆大年初一即從台北出發，當時武漢已經封城，台灣開始超前部署防疫。

美國行第一站是華府，先後拜會卡內基國際基金會、布魯金斯研究院，也和華府藍綠兩黨代表見了面。二月二日離開華府當天，還上美國之音談香港反送中，然後就飛到西岸。二月三日一早到胡佛檔案館報到，由於肺炎疫情影響，許多兩岸學者臨時取消行程，還意外成為全球第一位入館查閱日記的人。

蔣經國為什麼會寫日記？他十五歲到蘇聯留學，十二年後才返國，蔣介石擔心兒子受共產思想影響太深，要他寫下在蘇聯的所見所聞，蔣經國就這樣從一九三七年五月開始寫日記，寫到一九七九年十二月底因健康不佳、視力惡化才停筆。由於時間有限，行前特別擬定閱讀重點，決定以一九四九年之後的大事為主軸。蔣經國在台灣參與許多敏感、機密的工作，包括重大的軍事、情治、國防、外交決策等，特別是一九七〇年代中華民國退出聯合國、中壢事件、台美斷交及美麗島事件等，甚至更早之前的劉自然事件、一九七〇年紐約刺蔣案，日記中留下許多未經公開的記錄。除此之外，我還發現一九七九年年底韓國大統領朴正熙遇刺，引起蔣經國高度關注，還有美國介入台灣核武發展，日記上均有所記載。這些就構成了本書第二章的內容。

閱讀《蔣經國日記》，很難不去想找出他對章亞若的回憶記錄。蔣與章的婚外情在解嚴前後已非敏感話題，蔣經國逝世後還有專書問世。但是關於蔣、章的婚外生子，特別是章亞若的死因，至今並沒有確切說法。還有，蔣經國生前從未談及此事，即使對家人都不曾提及，那麼他會不會在日記中留下一些記錄呢？二〇二〇年二月四日上午，我在胡佛檔案館翻閱蔣日記，突然就在一九五四年的日記上，有了驚人的發現：日記中蔣經國直接否認章亞若所生雙胞胎與他有關，還明確指出雙胞胎的生父是他的老朋友王繼春。這真是太驚人的發現了！倘蔣日記所說為真，那麼在蔣方良過世之後，章孝嚴已經改姓蔣，兒子也改為蔣萬安，這段「認祖歸宗」還有效嗎？蔣經國日記的公開，會不會使蔣孝嚴的身分再度成為懸案？所有的這些謎團與可能的解答推敲，我都在本書第五章做了交代。

除了愛情故事，蔣經國對子女的恨鐵不成鋼，也是本書重點之一。蔣經國育有三兒一女，分別是蔣孝文、蔣孝章、蔣孝武、蔣孝勇。和許多為人父母者一樣，他對兒女有很深的期許，但是四個兒女在學業、事業、乃至婚姻上都有問題，他的期望越深，失望也越大。此種巨大的失落感，讓他飽受精神折磨，甚至看到部屬的小孩學業有成，也會心生感觸、自愧不已。還有蔣經國對繼母宋美齡與表弟孔令侃的憎怨，是政壇流傳已久的軼聞，但缺乏直接佐證。我發現蔣經國在日記中經常提到孔令侃，且幾乎都是惡評。這除了有上海打老虎的宿怨，也和孔令侃幾度靠著宋美齡庇護，想回台從政甚至奪權有關。特別是一九七九年初，蔣經國正與美國展開艱苦的斷交談判，遠在紐約的宋美齡與孔令侃不時隔洋指揮，更讓蔣經國極度憤怒，日記中常以「紐約」、「紐約方面」代稱，連名字都不願多提。究竟蔣經國如何為子女傷透腦筋，他又如何與宋美齡與孔令侃搏鬥，本書第四章有第一手的揭露。

馭人術也是研究蔣經國的一個大題目。蔣經國是個性格複雜的人，他喜歡接觸群眾，民間形象很親切，但威權體制下的統治，又讓屬下恩威難測。其中一個讓大家議論不止的問題是：一九八四年他為何選擇李登輝而不是林洋港擔任副總統？翻閱《蔣經國日記》我發現，早在一九七八年林洋港剛擔任台灣省主席不久，蔣對林洋港的評價就十分保留，日記中形容他「好名善變，不可不防」。相反地，蔣對李登輝則是欣賞有加，說他「具有新的科學觀念，是可以培植的一位人才。」另外，《蔣經國日記》中也對孫運璿、陳誠、陳履安父子等部屬，以及當時活躍的黨外人士陳菊、許信良、康寧祥等有所評論。為了增進讀者的了解，特別以背景溯源加上日記原文引用，夾敘夾議來呈現，詳見本書第三章。

蔣經國逝世已經三十二年，至今仍深受台灣人懷念，在全球威權體制轉型中是十分少見的例子。對於這樣一位傳奇人物，大家真正了解的又有多少？私密日記的公開無疑提供一個更全面、深入了解蔣經國的機會，也是撰寫本書的初衷。筆者想說的是，蔣經國是人不是神，也會有軟弱和沮喪的時候，甚至幾度壓力大到想一死了之。他位高權重而又生性多疑，肯向他直言說真心話的少之又少。強人掌權需賴權術，對周圍亦需時時防範，內心世界之幽微複雜，只有透過日記才能一探究竟。大家可能不知道，蔣經國有很嚴重的失眠問題，安眠藥吃了幾十年，好幾次想戒卻戒不掉，痛苦不堪。

蔣經國晚年開放大陸探親，影響兩岸關係至今。從日記中可以發現，這絕不僅是基於所謂反統戰的政治策略，而是他設身處地的情感投射，因為他自己就是一個嚴重的思鄉者。在他晚年的日記中，經常提到對故鄉的懷念，例如一九七八年八月三十一日記：「日夜思想故鄉武嶺之山水、房舍，尤其回憶童年時候的種種生活之情況，難以忘懷，祖母、外公、外婆、先母的慈像，走路、講話、拜佛、燒香的情態，都深印在我的腦中。」再如一九七九年一月二十六日記：「年暮歲寒，念家鄉之心深切至極，不知此生尚有相見之日乎？」還有三月六日記：「杜鵑花皆已凋謝，又是一個新的季節，思鄉之心益切，人物、山水一一記在心，感受殊深。」以及十一月二十六日記：「此時家鄉已是深秋，懷鄉之心至切，不知何時得歸我鄉耶？」他對榮民的感情尤深，十二月廿一日記載：「每次巡視榮民之家，看見榮民們多衰老，尤其久病在床的苦境，看了心痛如刀割。榮民一生從軍，今日又無親人，看了實在太難過了。他們看見了我，不但毫無怨意，而且親如家人，使我感動到流出淚來。」所以當他看到老兵因為想家想父母，跑到行政院大門前跪哭高喊時，他的內心恐怕也正在同樣吶喊著「我要回家」！

蔣經國的親民作風，也是他受人民懷念的原因。有人說這是威權統治下的政治包裝，但在他日記中確實經常記載下鄉時，與民眾親切互動、被人民喜愛的感動。日記是私密性質，不需要用來對外宣傳，應該說他的親民是出於真心的。不僅如此，從一九七八年八月三日一段日記上的記載，還可以看出蔣經國民胞物與的情懷，日記上寫著：「目睹七美和望安兩離島民眾生活之改進和地方建設之進步，至為欣慰。可知社會之改造並不需要流血革命的。誰能想到望安島的漁婦，已可用長途電話和遠洋作業的丈夫通話了。」這才是蔣經國受人民懷念的主要原因！

毫無疑問，日記作為史料參考依據有其相對主觀與局限之處，然誠如胡佛檔案館東亞部主任林孝庭指出，對於關注一九四九年後台灣時期中華民國政經、外交與兩岸關係發展的人來說，蔣經國日記仍可提供大量珍貴訊息，讓吾人對許多重大議題得以窺探蔣經國內心的思維與想法，甚至有可能顛覆大家對過往歷史事件的認知與看法，這就要說到《蔣經國日記》開放的當代意義。

一九七一年十月二十六日，中華民國被迫退出聯合國，隔天蔣經國在日記上對美國受制於中共笑臉外交提出批判：「廿年來共匪之所謂外交一向採取蠻橫政策，在蠻橫的掩護之下隱藏了他們的恐懼。從去年開始，共匪覺悟到長期蠻橫無助於其目標之達成，於是改用笑臉外交，希望以欺騙來取得勒索不能得到的東西，本來這就是共黨外交的典型模式，不幸許多民主國家卻已上了他的圈套。這些民主國家在不久的將來可能會了解其錯誤，但可惜的是他們此刻已經造成了對我們的傷害。」

一九七八年十一月中共召開十一屆三中全會，決定走向改革開放路線。隔年一月一日中共與美國建交，同一天發表「告台灣同胞書」，對台展開統戰攻勢。蔣經國深知此後的兩岸競爭即將進入一個新的階段，但他反共的決心始終是堅定的。在他一九七九年三月二十五日的日記就記載：「共匪自從與美建交以來，就對我展開空前的和平談判攻勢，余堅守立場，不顧無比重大來自海內外之壓力，決定置之不理。」而在同年四月四日國民黨中常會中，前述蔣經國的立場更進一步成為不接觸、不談判、不妥協的三不政策的內涵。蔣經國還曾親口告訴《紐約時報》記者說：「與中國共產黨接觸（談判），就是自殺行為，我們沒那麼愚蠢。」

有意思的是，一九七九年二月新加坡總理李光耀來訪，蔣經國一方面對「國際間尚有如此無所畏懼之友人」，甚為感動；但二月二十一日送走李光耀，當天日記就記載：「李的基本觀念雖然是反共的，但其對共黨的認識還是非常淺薄的，可慮。」顯然等著回去迎接鄧小平往訪星洲的李光耀，曾對蔣經國說了些什麼，才讓他有此感嘆。

從事後的發展來看，蔣經國當年的反共或許過於頑固，有著「一朝被蛇咬」的陰影，三不政策後來也被迫妥協修正。但時至今日，連美國都已承認，過去四十年與中共的接觸政策是失敗的。中共不但沒有透過雙方的深化互動加快開放腳步，反而在經濟上國進民退，在政治上更加極權，在言論自由上更加緊縮；甚至想要改變國際秩序，輸出所謂的中國模式。就連香港這個「一國兩制」示範區，中共都可以隨時棄之如敝屣，完全不顧當初對港人的承諾。於此更可看出蔣經國的遠見。

總結「蔣經國路線」的核心思想，可概括為：一、堅持中華民國主權獨立，提倡中華民國認同與台灣認同互相接納。二、反對「一國兩制」，堅拒中共統戰。三、堅持親美外交路線，堅定站在自由世界的一邊。這些或許值得正在為黨路線爭論的國民黨後人參考。

最後，要特別感謝老長官吳豐山撥冗寫序，為本書添補許多不足之處。他是經歷過蔣經國時代的媒體前輩，真正了解蔣經國的人。內人黃秀錦不時給予提點，協助書稿的多媒體傳播，功勞很大。還有許多應該感謝的人，限於篇幅，就不一一列舉了。

從小學文，師長每以「厚積薄發」相勉，並引為新聞工作之守則。必須承認，本書之撰寫，距離「厚積薄發」甚遠，一來是時間倉促，未能盡覽相關資料，包括日記在內，二來蔣經國三個字代表的意涵，十分豐富而複雜，需要更多的挖掘與沉澱。因之我在撰寫時常以「草蛇灰線」筆法，試圖勾勒出蔣經國的不同面貌，不免而有「薄積多發」之憾，書中如有謬誤、不足之處，還請多多指正。

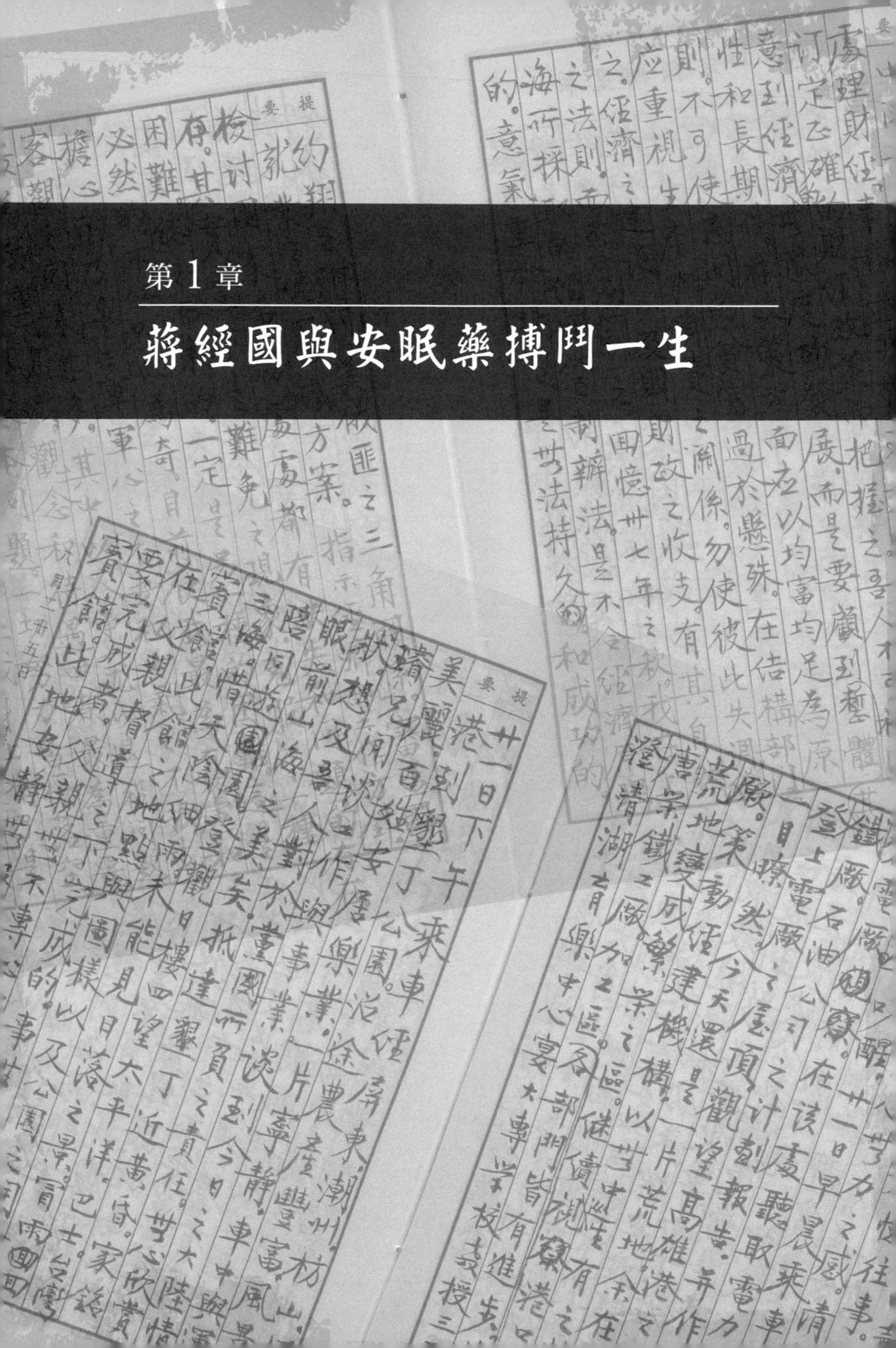

第 1 章

蔣經國與安眠藥搏鬥一生

蔣經國是個工作狂，從年輕時就是一年三百六十五天、全年無休地工作。尤其來到台灣後擔任許多敏感而重要的職務，不管是與神祕的情治有關的總統府資料室組長、國防部政治部主任、國安會副秘書長，或是需要經常與群眾接觸的救國團主任、退輔會主任委員，乃至於出任國防部長、行政院長等要職，有的需要縝密細心、有的常要上山下海，費心費神之外，加上他生性多疑，不重養生，因此，早在民國五〇年代他就有嚴重的失眠問題，不得不藉助安眠藥入睡。

民國五十四年間，蔣經國已經升任國防部部長，因為政務繁重，工作過勞，導致長期嚴重失眠，精神不濟。為了睡眠問題，他吃的安眠藥劑量越來越高，可是吃再多的安眠藥，仍然不能安然入睡。蔣介石知悉此事後極為關切，特別把他找到士林官邸，囑咐他心情一定要想辦法放鬆，睡覺的時候不要再想事情，否則吃再多的安眠藥都於事無補。但此事知易行難，隔不久老毛病就又犯了，失眠問題繼續困擾著蔣經國。

到了一九七〇年代後期，蔣經國已經貴為行政院長，一九七八年出任第六任總統，隨著職位越升越高，政務日益繁重，他的失眠問題也更加嚴重。尤其從一九七七年到一九七九年，正是中華民國處境內外交逼的時刻，日記中經常出現他焦思苦慮、輾轉難眠的記載。

一九七七年十二月六日記：「服藥物、打針後仍終夜未眠，幾乎未睡一小時，這是少有之事，其原因不在於生理而在於心理，選舉挫敗之餘波不但未稍退，而且精神負擔益重，來自各方面的壓力日益加重。」那年十一月十九日五項地方公職選舉，國民黨丟掉四個縣市長席位，還發生中壢事件（詳第二章），讓蔣經國好幾個晚上睡不著、睡不好。十二月十六日又記：「夜間失眠服安眠藥過多，到早晨九時半始起，這是非常不應有和不好的現象。」

當時榮民總醫院有專為蔣經國成立的醫療小組，據王丰、翁元合著的《蔣經國情愛檔案》一書記載，有一天蔣經國半夜睡不著覺，吃加倍劑量的安眠藥也還不行，不耐翻來覆去的痛苦，他就打電話把當班的何橈通醫師叫醒。何橈通被迫起床披衣，急往蔣經國房間，卻見蔣經國滿臉倦容，面露愁緒，枯坐在客廳發呆。蔣示意何橈通坐下，發了一大堆關於失眠的牢騷。無奈何橈通是糖尿病專家，不是睡眠問題專科醫師，從專業上幫不上蔣經國的忙，只能進行道德勸說。

書中說，何橈通再三向蔣經國強調，患了失眠症的人，假如今天睡不著，明天睡不著，到後天，人實在太疲憊了，即使不吃安眠藥，也會因為太疲倦而自然睡著，所以並不是絕對要借助安眠藥才可入睡。關鍵是應該試著放鬆心情，不要翻來覆去想著某些沒有結論的事，放下煩惱，才會容易睡著。如此這般的簡單道理，何橈通總要好說歹說重複好幾遍。

何橈通陪蔣經國枯坐在客廳直到凌晨兩、三點，蔣經國聽煩了何橈通這套大道理，有一回竟以教訓式的口氣說：「我是你病人，到底是要我聽你的，還是你聽我的？身體是我的，生了病你就有責任幫我治好它！」蔣經國這套歪理簡直讓何槐通哭笑不得，天底下哪有要醫生聽病人話的道理？蔣經國是因為長期失眠，情緒不好，何醫師也只好忍住一口氣，不與他爭辯。哪知道，隔不了幾天，蔣經國即交代榮總把何槐通換掉，換別的醫師當他的侍從醫官。

何醫師雖然無辜被換掉，他的話蔣經國多少還是聽進去一些，那一年的生日（四月二十七日）蔣經國決定做一件對自己有意義的事，就是戒掉服安眠藥的習慣。一九七八年五月二日記：「困擾了十多年每夜必服鎮定劑之惡習，決定生日之夜起戒之。」五月三日又記：「今年的生日開始做了一次有意義的事，那就是從這一天開始每月停服安眠性的藥物。如此惡習已十有餘年，父親曾多次勸戒而未能做到，完全是由於自己意志力不夠堅也。已有十多年來每夜服安眠藥方能入睡，對於體力神志產生不利之影響。下決心戒服藥物後，雖深感苦痛於初，但不久很自然地趨於安寧與健康，可知世事皆在有無決心。」

蔣經國顯然對自己能夠戒除安眠藥癮十分得意，六月二十三日再記：「戒酒乃是對於毅力的重大考驗，結果竟成功了，恨不早戒。從今年生日的那一夜開始，又下了戒服安眠藥的決心，經過一段時間的自我搏鬥，竟成功了，亦是恨不早戒。」蔣經國這次戒得很認真，有好幾個月都不再碰安眠藥，他甚至想要重新學習畫畫。十一月十日記載：「近得歐豪年畫冊一本，余喜愛之，百看不厭，一有空閒即翻閱之，每在晚間失眠時刻一一細看，漸漸入眠，其效用遠過於安眠藥物也。很想重新學畫。」歐豪年大師的畫冊竟成了蔣經國睡覺時的助眠劑，不知他是該高興還是無言。

可惜沒多久他就又破戒了。由於美國從一九七九年起與中華民國斷交（詳第二章），台、美談判正艱苦地展開，加上蔣方良又住院了，蔣經國內外交逼，每天都睡不好覺，於是又恢復服用安眠藥。日記完全反映他這段時間的痛苦與掙扎：

一九七九年一月十二日記：「日來陽光溫和，園中茶花盛開，本是好時光，但是由於情緒之不安寧，外力壓雙肩，根本無意去欣賞，反增內心之苦痛。妻之健康不佳，實在全家的氣氛都是苦難憂傷的。」

一月十三日又記：「昨晚體溫升高，體力疲乏，服安眠藥後小睡。無時無刻不以中美談判之成敗而憂慮。」

一月十九日再記：「連日陰風細雨，生活甚不正常，白天好睡又頭昏，思考問題缺乏條理，感覺到一無是處，終日沉悶而憂傷。美國凶狠玩弄，壓力無法再忍，所謂中美談判前途可悲。」

長期服用安眠藥除了容易成癮，不吃就睡不著覺之外，還容易讓人情緒沮喪，甚至出現尋短的念頭。蔣經國一月二十日記：「由於睡眠不佳，半夜醒來感覺心慌而寂寞，這是最感痛苦的時刻，甚至想起生死一念。對於許多大事想得開，對於小事反而想不開，何耶！」

一月二十一日又記：「陰沉的天氣，苦悶而又憂鬱的心情，日夜不安，有時如在昏睡中，手足無力，頭昏不清，這都是因為自己在困難中不能自制之故也，成敗在於自己是否能自立自強。」

二月五日再記：「昨夜服安眠藥過量，早晨久不起身，頭昏不適，自知已到非戒安眠藥不可的時候，否則健康情形就會一天不如一天，記憶力在衰退中，精神上的壓力一天要比一天重。」

二月六日續記：「疲倦非常，思慮不清，早晨九時始起身，此乃不正常之現象也，體力在衰退中，可憂。」

由於服用安眠藥的副作用越來越大，蔣經國很想再度戒掉，卻熬不過失眠的打擊。三月五日記：「由於身心不健，生活和工作遠不如以往之勤，處處有偷懶之象，應即改之。近月來我的心好像是懸空的，應從速戒服安眠藥，使起居正常化，否則身心必將更為衰弱，要痛下決心。」三月九日再記：「由於未能戒服安眠藥，走路無力頭昏，記憶力差，確實到了非戒不可的時候了。」

到了六月，他在月中的「一週反省錄」寫道：「自從去年十二月十六日以來，又開始失眠，至感痛苦。想從今年生日起再戒安眠藥，但未能成功。雖然是由於心事煩重有所致之，自己的意志不夠堅強，乃是主要原因。長此以往必將損害身心和事業，應當做到說戒就戒，這是自我考驗。今日似乎尚無此決心，應自責之。」

六月二十六日又記：「今年從生日起曾想再戒安眠藥，未果。反而藥量再加重，因此影響思考與記憶力，深為之憂。今天已經到了非戒不可的時候了，否則必將自毀矣。

如將今日之體力與去年今日相比，頗有一天不如一天之感。由於缺乏主動性和積極性，並且常有偷懶之想，這是很壞的現象。心事重重，放不開亦放不下，造成了沉重的精神負擔，寢食不安，坐立不定。」

十一月七日記：「最近曾數次戒服安眠藥物使能自然睡眠，結果失敗了。這完全是由於自己沒有毅力和意志不夠堅強之故也，手足乏力，深有年老體衰之感。」

終其一生，蔣經國始終無法戒除安眠藥的習慣。據曾任蔣經國醫官的前榮總副院長姜必寧回憶，蔣經國因為失眠，每晚都要服用安眠藥才能入睡，偶而因為第二天有會議或者軍事演習，睡前先吃了一顆，到了半夜一兩點鐘又會醒來，無法再睡，就會要求再吃一顆安眠藥。姜必寧就用形狀差不多的維他命來冒充安眠藥。蔣沒有發現，吃下維他命後居然也就安然入睡了。姜必寧戲稱這是「欺君之罪」，但是因為擔心他第二天無精打采會打瞌睡，也只能這麼做了。

第 2 章

時代考驗蔣經國

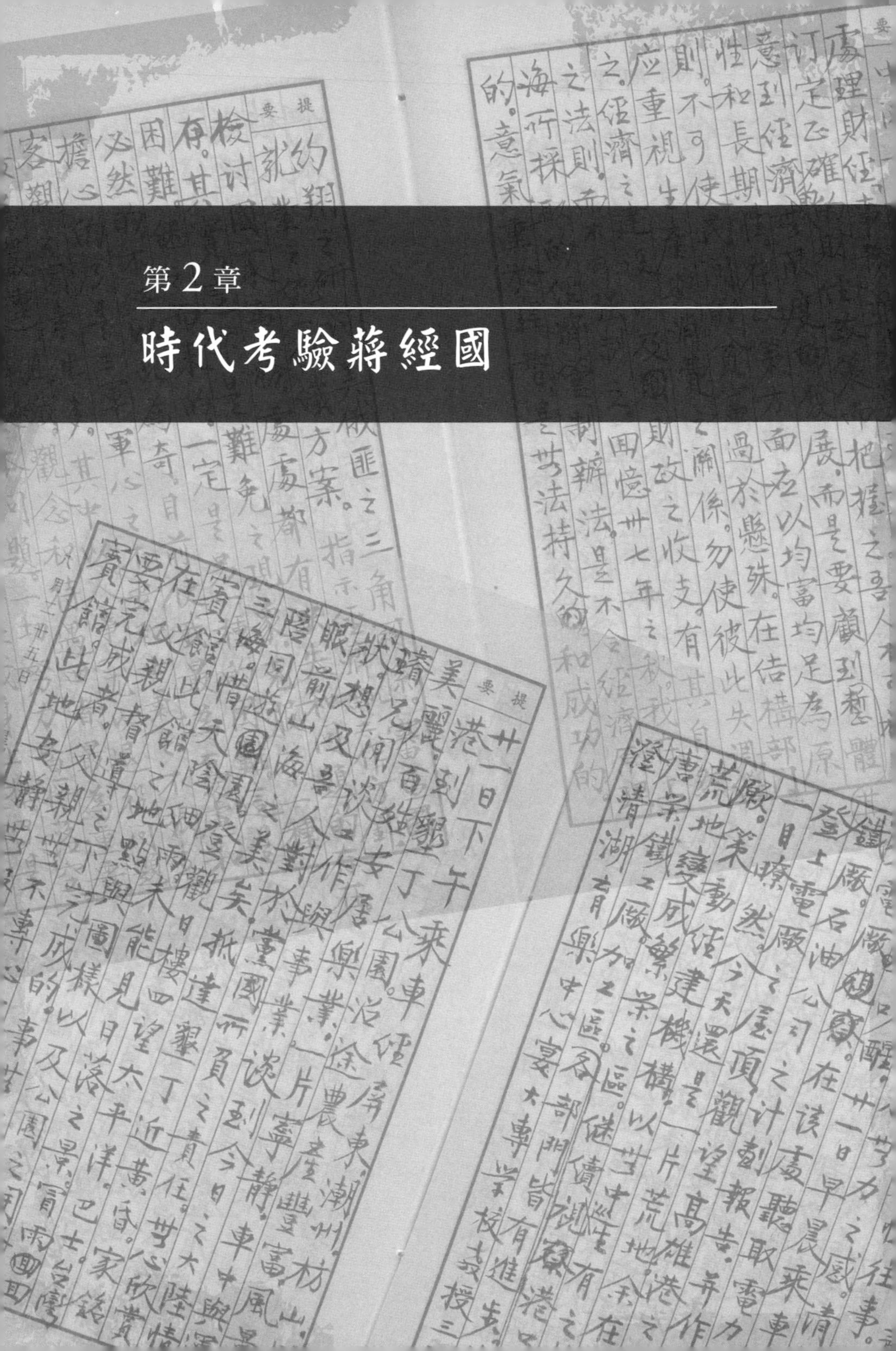

劉自然遭美軍槍擊事件

劉自然事件又稱五二四事件，是一九五七年五月二十四日發生在台北的一起示威事件。事件起因於當時的革命實踐研究院少校學員劉自然，在參加友人婚宴返家途中，於台北市陽明山美軍宿舍群區內公寓外遭槍擊身亡。案發後，嫌犯美軍上士羅伯特·雷諾（Robert G. Reynolds）被逮捕準備移送檢方，但由於他是駐台美軍，具有外交豁免權而遭阻攔。其後美軍軍事法庭開庭，雷諾辯稱是有人偷看其妻洗澡才開槍。美軍法庭於五月二十三日經陪審團投票表決，以「殺人罪嫌證據不足」為由，宣告雷諾無罪釋放，當天將其遣送回美國。

五月二十四日判決的結果在台北各報大幅刊出，《聯合報》更以「抗議美軍蔑視人權」為題痛批美國縱放人犯。劉自然的妻子發表〈我向社會哭訴〉一文，並在當天上午十時身穿黑衣、手持寫有英文及中文的抗議標語，到達美國大使館門前抗議，群眾愈聚愈多。中午十二時中國廣播公司記者至現場採訪，劉自然太太透過廣播哭訴，引來更多圍觀群眾。接著有人大喊「雷諾已經坐飛機走了」，群眾當場義憤填膺，開始以石頭、磚塊、木棍攻擊美國大使館。隨後，有人翻牆進入並砸毀美國大使館的汽車、家具，燒毀文件並毆打使館人員。大批群眾撕下美國國旗，破壞美國大使館新聞處，並包圍美軍協防台灣司令部，甚至衝入警局、對警車縱火。

當時台灣處於戒嚴狀態，任何遊行、示威、抗議均為違法。然而此次一反常態，事發之後，台北市警局人員姍姍來遲，使得大使館陷入混亂之中長達十個小時之久，最終造成三人死亡，三十八人受傷。事發後美國駐華大使藍欽向中華民國外交部提出抗議，蔣中正總統召見藍欽並道歉；不久後參謀總長彭孟緝、台北衛戍司令黃珍吾、憲兵司令劉煒、台灣省警務處處長樂幹先後遭撤職。

本案為台灣戰後少有的幾次反美事件之一，亦為台灣戒嚴時期罕見之大規模示威活動，凸顯美軍駐台人員不受中華民國法律管轄所衍生的問題。然而，亦有人認為此事與蔣經國有關。作為事件「主角」之一，蔣經國自己又是如何看待劉自然事件？這一直是個謎，如今由於蔣經國日記的開放，吾人終於可以一窺當時他的心境。

事發當天，蔣經國就在日記上記載：「今日台北群眾因不滿軍事法庭對劉自然案之判決，舉行示威並搗亂美大使館與美新聞處，造成對國家最不幸之事件，痛苦萬分且自感有失職責之處，惶愧非常。」當時蔣經國身兼國防部政治部主任及救國團主任，所以才說「於此事有失職責之處」。值得注意的是，日記中也寫到：「為美軍法庭判殺人犯無罪一事，余憤慨到了極點，甚至想到拒絕美方之邀取消訪美之計劃，此情感之衝動也。」表明他對群眾的行為，在情感上是認同並高度理解的。

隔天日記續有記載：「由於群眾之盲目衝動，流氓之有計劃搗亂，青年之幼稚附和，造成了昨日搗毀美使館之嚴重事件，使國家之聲譽及父親之威望蒙受莫大之損害，痛心至極。同時對於少數青年之參加不法行動以及憲警之不力，在良心上與事實上皆須負重大之責任。今日思之無任惶憾不安，實為從來所未有之打擊。」同時他又說：「昨今兩日曾以全力阻止學生之遊行，並協助治安軍事機關處理此案，而外面則有謠言謂此乃救國團所策動之反美運動，而美國人亦懷疑此事與我有關。嗚呼！我在此時只有呼天了。」

當天日記並提醒自己：「近月國家多事之秋，外有凶惡之敵內有壞人作亂，令人憂慮異常。在歷史上凡亡國者皆未亡於敵人之手，而亡於本身之爭奪。此一歷史教訓，此時此地吾人應切記於心，不可一時或忘。」

到了第三天，日記中繼續記載：「群眾暴亂事件雖已逐漸平息，但因此事件所引起的心中惶惑之感與日俱增，對於憲警以及所有治安人員之不力，在良心上我應負重大之政治責任。父親日月潭歸來對余未加責備，益感惶恐不安。我應自己承認無能，並且對於政治情況知之不深，而造成群眾搗毀美使館，而至無法控制與壓制時，至感不安。不過此乃嚴重之教訓，不可不有所警惕。」所謂「對於政治情況知之不深」，似有出了事自我檢討、請求寬宥之意。

果然隔天日記又寫到：「父親面示，美國大使館曾向外交部與父親表示，此次搗亂美大使館之暴行為救國團所指揮，並謂拖延驅散暴民之時間乃學俄國方法，乘此機會偷開保險箱，雖非明說而事實上則明指余為此事件之幕後人。」但蔣堅持此事非他所策動，對於美國說他是幕後藏鏡人，日記上說：「當時感情衝動到不知天下尚有為我容身之處乎，天下冤枉之事雖有，但總再沒有比此更大的冤枉事了。此種謠言根本與事實完全相反，難道我只是為背冤枉而到人間來的嗎？是的，我應當把所有的冤枉背起來，並且要繼續的背下去，這應當看作是我的本分事。」

到了五月二十八日，日記記載：「美國記者中已有人報導謂二十四日事件與我有關，並有人說在此事件中所有台北學校學生皆未出來遊行，而只有成功中學學生有四十餘人參加遊行，這是因為蔣經國兒子是該校學生。聽了之後覺得好氣又好笑，孝文已在兩年前在該校畢業，而今日尚有人做如此之報導，可知敵人是多麼的惡毒。在過去各方面攻擊余必連累父親，而現在連累到我的兒女身上去了，可知做人之難矣。自今日起政治空氣對於我更為惡劣，一切只有忍耐下去。」除此之外，由於成功中學前任校長潘振球正是蔣經國的心腹，也讓蔣經國很難撇得清。

二十九日日記又提到：「十時出席總動員月會，父親曾痛心責備搗毀美使館之事件，謂過了六十年尚不能接受義和團的亡國教訓，殊實可嘆，並認為此乃最大之國恥。當晚拜見父親，父親嚴責處理案件之遲緩。」

出乎意料的是，此事竟也成了蔣經國對陳誠的反擊出口。五月三十一日日記記載：「不幸事件發生之後，政敵們即借此造謠攻擊，將一切責任推在我的身上，企圖把我描寫成為國家的罪人。陳誠竟公開的對文亞說『這都是蔣經國幹的好事！』陳對其他人亦曾做同樣的說法，余對此並不感奇怪亦不去憤慨，不過由此可以證明陳誠之卑鄙和虛偽，余心裡明白就好。」

蔣還說：「陳誠於廿三日夜間要各報寫社論反對美方對於雷諾之判決，這是廿四日事件之導火線，余本隱惡原則未對任何人道及此事，日久見人心，一切自會有澄清之一日，余何憂哉。」很明顯，這是透過日記向老蔣告陳誠的狀！

日記中還留有一段插曲。事發後蔣去拜訪台大教授談僑生問題，日記中記載：「我告其僑生在外嫖賭以及買賣私貨之情形，他很驚訝的說：蔣先生你連這些事都知道，那真是了不起。嗚呼，今日不知有多少人還以為我是住在高樓大廈的『公子哥兒』呀，其實我知道民間的情形要比政府裡任何人來得多。」

該年九月，來台負責調查該事件的美國總統特別助理李查茲（James P. Richards）對蔣介石表示，蔣經國領導的救國團在事件中扮演積極角色，蔣介石對此不置可否。後來，蔣介石為緩和台美緊張關係，將蔣經國暫時調離情治系統，改出任退輔會主任。

一九七〇年紐約刺蔣案

「四二四刺蔣案」，是發生在一九七〇年蔣經國訪美期間，台獨人士策劃的一次暗殺行動。歷史學者普遍認為，此事對台灣政治發展的影響極為深遠，蔣經國在逃過一劫之後，開始起用台籍人士，推動國民黨本土化。此外，整肅異己的政治案件也比以前減少許多，處刑較寬緩，不像五〇、六〇年代動輒就槍斃處決。那麼當事人蔣經國，又是如何看待刺蔣案呢？已公開的蔣經國日記，或可提供一些線索。

話題要從當年的台獨運動談起。一九七〇年一月一日，台灣獨立建國聯盟在海外宣布成立。一月三日，彭明敏潛逃瑞典，並在瑞典發表《台灣自救運動宣言》。同年二月八日台東泰源事件發生，江炳興等人策劃欲進行武裝革命，但最後失敗。當時陳誠已經過世，孫立人遭軟禁，吳國楨流亡美國，蔣介石部署蔣經國接班態勢已明。一九七〇年初，台獨聯盟得知蔣經國將應美國國務卿羅吉斯之邀訪問美國，以爭取美國政府的援助，決定刺殺蔣經國，以此向國際社會表達台灣人的心聲。

一九七〇年四月十八日，蔣經國赴美做為期十天的訪問，沿途所經之處包括洛杉磯、華盛頓，台獨聯盟成員進行了三次反蔣示威，並準備在紐約舉行第四度示威遊行。四月二十四日近中午時分，蔣經國到達紐約市廣場飯店，準備出席美東工商協會的餐會，蔣在隨扈與美國警察的護衛下登上飯店石階、走向旋轉門門口。就在此時，康乃爾大學博士生黃文雄突然衝向蔣經國，高喊：「我們是台灣，在這裡清算我們的血債冤讎！」黃文雄拔槍時，一位機警的美方人員迅速由下往上將黃文雄持槍的手托高，子彈在蔣經國頭上約二十公分高飛過，射向飯店旋轉門方向，並沒有打到。黃文雄當場被壓倒在地，上前搶救的鄭自財（才）也被警棍擊倒，頭部流血受傷，兩人被押進警車時，仍一直高喊：「台灣獨立萬歲！」

事發當天，蔣經國在日記記載：「十一時到紐約旅店，接見美國鋼鐵公司代表談在台建廠問題。中午到帕拉薩旅館，當下車進門時，有一暴徒向我行刺，開槍一發幸未擊中，余從容進入餐廳發表反共演說，鼓勵鼓掌有兩次。」隔天又記：「當日下午又參加美國外交協會之研討會，接著參加美僑的晚宴，人山人海，美僑聽到我被刺的消息之後，情緒激動和熱烈，我為之感動而流淚。餐後專程赴長島訪孔家，來回達三小時之久，返抵旅店已是深夜。凡是應當做的都做了，心安理得。」

這是蔣經國第六次訪美，也是最後一次出訪，此後他就沒有再出過國。事實上此行出發前，蔣經國的心情一直很不平靜，國事、家事纏身讓他無法安寧。三月九日日記記載：「一月後將有訪美之行，必是一次不會有結果的形式訪問，余將以忍辱負重與勿妄勿求的態度與立場，以應此一外交工作。做我不想做的事，乃是精神上的莫大苦痛，但是又無法避免，不知何日才能脫離政治生活。」

此行雖是美國國務院正式邀請，但由於美國「聯中制俄」戰略正在推進，美台關係不可避免受到衝擊。這點蔣經國看得很清楚，三月十五日記載：「美國通知將廢止金馬協議，由此可知美國出賣我國利益之計劃行之甚急，美國為其本身利益急謀與匪妥洽，為此目的，不惜出賣我台澎金馬，美國可恥，可惡。」三月二十八日又記：「美國的姑息氣氛日重一日，尼克森政府似已不顧一切執行其所謂一中一台之反動政策，余將在此情況下被邀訪美，精神之負荷可謂重矣。」四月一日再記：「訪美之行日近，預料此次訪問除了向美方表明自己的立場外，不會有任何之收穫，且將受美國輿論之攻擊，故明知其不可而為之，精神上之負擔日重。」

為了紓解沉重的精神壓力，在三月底的當週反省錄，蔣經國還以「不要做花房裡的花草，而要做經得起狂風暴雨打擊的松柏；不要做被疾風吹散的沙丘，而要做擊不碎的花崗岩」自我勉勵。而在四月四日日記，則以《雙城記》表述心境：「這是最好的時代，也是最壞的時代；是智慧的時代，也是愚蠢的時代；是信仰的時代，也是懷疑的時代；是光明的季節，也是黑暗的季節；是充滿希望的春天，也是令人絕望的冬天。」

隨著訪美日期接近，蔣的心情更顯煩躁，四月五日記載：「本不想亦不願有此一行，但是既定之則行之。為此而準備各次講詞。由於處境之困難，講話之輕重需要研討者甚多，但是一切應以本身之原則與利益為出發點。天下有許多明知其不可為而為之之事。」四月八日又記：「日來因為準備訪美之行情緒不安，身心疲倦，對於一切似應處之泰然。」

四月五日當天，美國中情局代表安諾德來見蔣，兩人談了很久，但蔣在日記說「不知其所以然，令人厭煩。」幾天後美國大使馬康衛來見蔣，匯報美國與中共談判的情況，讓蔣氣得幾乎要取消訪美行。四月十一日記詳細記載：「馬康衛來見，面告美政府本已向共匪提四月二日為召開華沙會談之日期，被匪所拒。另提四月十五日為會期，適在余訪美之前，美方認為不妥，並且匪方提此一日期之作用在阻撓余訪美之行，所以美方又另提四月卅日開會，匪方對此尚未作答。此一情況對我極為不利。如訪美之事尚未公布，我絕對主張取消此行。但事已至今，不論是否中了美匪之計，一旦宣布中止在政治和心理上對我而言，皆將產生不利之影響。」

蔣既須硬著頭皮訪美，行前準備自然不能馬虎，從十二日到十五日連續記載：「見周大使談此次訪美之細節，起草答記者問，其中有許多問題頗難回答。」「此次訪美環境複雜，任務艱難，須以堅定、冷靜與沉著之態度應之。美國不惜出賣我中華民國之利益，製造一個中共、一個台灣之政策已日見明顯。」「啟程之日在即，為了安排訪問行程至感困擾。一生以應酬為苦為煩，此次訪美之接待方式如較往次隆重，將使我益感苦痛、難受。」

就在出發前一天，蔣的內心隱隱然有不祥之感。四月十七日日記記載：「行程日近，心情越煩，對於公務、家事皆有不安之感。」

隔天出發，一早先向父親拜辭，並在士林官邸與蔣介石攝影留念。十九日到達舊金山，終於與多年不見的女兒孝章一家人歡聚，心情至為愉快。順道到舅舅宋子安墳前獻花致哀，之後就飛往東岸，於二十日晚上七時抵達華府。

隔天前往美國國務院拜會，二十一日記：「副國務卿格林引至國務院訪羅吉斯國務卿，午餐後會談（匪情、聯合國、軍援），意見不一致。七時赴白宮見尼克森，主人對此一宴會安排似花了一番苦心，對方之招待越隆重，我心越不安，此種接待根本無友誼可言。」他甚至在日記寫下「美國不是民主國家而是民亂國家。」一吐對美國的憤慨。

離開華府前一天他夜宿雙橡園，日記還提到：「上床難眠，夢中忽見祖母坐於書桌旁之座椅上，面目慈祥有如生前，夢中驚醒，天已微亮。遠在異國，夢見祖先，心為之異。」似乎預感即將有什麼事要發生，果然人到紐約，就遇到台獨人士策劃的刺殺案。

日記中關於訪美行的紀錄大致如上，然而此行的衝擊並沒有結束。四月三十日他返程到東京，日記記載：「台獨分子卅餘人向我示威。閱十天來之台北報紙，登載有關我訪美之新聞與評論過多，可以被人視作自抬身價，為人所笑。我國報人不知以小事大之分寸與要領也。」

回到台灣後，他的心情仍然不安，甚至以「一場惡夢」形容此行，五月七日記載：「回國以來已有一週，我的心情始終安定不下來。今晨天未明即起身整理訪美記事，回想起來有如一場惡夢，亦好像是一次颱風，希望一切風波得能早日安靜下來。美國左派分子已經成了共匪的工具，對個人之攻擊和誹謗日甚一日。」

五月九日調查局長沈之岳向他報告各方面對紐約事件之不同反應，蔣在當天日記記下：「值得吾人警惕之處甚多。」

紐約刺蔣案可說是蔣經國首次和台獨組織「勇武派」的對壘。在此之前，他已經開始關注海外台獨運動的發展，然而像美國行處處遇到台獨人士示威、抗議，乃至發生刺殺未遂案，對他來說還是第一次，受到的衝擊可想而知。據說蔣經國曾這樣問身邊的人：「台灣人為什麼要殺我？」這個大哉問，或許就成為他此後推動人事「本土化」的肇端。

狂風巨浪退出聯合國

一九七一年十月二十五日，中華民國被迫退出聯合國。筆者審閱蔣經國日記發現，美國當時雖曾提出「兩個中國」方案，試圖作為力擋「排我納匪案」的策略，但因涉及聯合國安理會席位問題，加上中共也反對「兩個中國」方案，因此在美國和中共談判出現突破之後，所謂「雙重代表權」方案很快就無疾而終了。

中華民國在聯合國的席位保衛戰，早在一九六〇年代即已出現警訊，阿爾巴尼亞等國持續提出由中華人民共和國取代中華民國的提案，即著名的阿案，台灣稱為「排我納匪案」。一九七〇年十一月，第二十五屆聯合國大會上，「排我納匪案」首次獲多數支持，五十一票贊成，四十九票反對，二十五票棄權，但未達重要問題案所需的三分之二多數而未通過。

一九七一年三月二十五日在一次由尼克森主持的國安會議上，季辛吉提出研究報告稱，如果採取「雙重代表權」模式，美國不可避免要面對安理會席次的歸屬和「台灣地位」問題。尼克森決定派特使墨菲去找蔣介石談談。四月二十三日，蔣介石接見墨菲，墨菲說，美國構想是用「雙重代表權案」取代「重要問題案」。新模式將宣示會籍普遍化原則，接著便指明「中國」有「雙重代表權」，但不說明何者是「中國」的唯一代表，因這個問題需要兩個中國自行解決。蔣警告墨菲，如果美國提出新方案，必須保持中華民國在聯大及安理會的席次，否則他別無選擇，只有「寧為玉碎，毋為瓦全」。

此時由於美國和中共祕密談判出現突破，尼克森與季辛吉轉而認為若採取「兩個中國」政策，既得罪中華民國，也得罪中華人民共和國，雙方都不會接受，這個問題的最終結果只能一個入會、一個退出，不可能兩者都在聯合國，尼克森因此決定放棄為修正的重要問題案努力。一九七一年七月九日，季辛吉祕密抵達北京，曾試探性告訴周恩來，美國將提議中華人民共和國通過獲得簡單多數的方式加入聯合國，而且可以獲得安理會常任理事國席位，但是，排除中華民國需要聯大三分之二多數通過，因此需要「複雜的雙重代表權」方案。但周恩來並不領情，七月十一日，季辛吉離京前，周恩來明確告訴季辛吉：「我們將反對這個方案，因為那意味著『兩個中國』。」季辛吉辯稱：「『一中一台』是臨時性的提法。」周恩來回應：「台灣也將反對它。」

一九七一年七月十五日，尼克森宣布即將訪問北京的當天，阿爾巴尼亞、阿爾及利亞等二十三國向聯合國提出決議草案，「兩阿提案」即後來的二七五八號決議案。八月二日，羅吉斯正式發表了「關於中國在聯合國的代表權問題的聲明」，表示美國歡迎中華人民共和國加入聯合國，但中華民國不應被驅逐。八月十七日下午，美國大使馬康衛告訴外交部長周書楷，美政府已決定八月二十一日前向大會另提「中國在聯合國之代表權案」，說明「中華人民共和國應有代表出席，同時亦應規定中華民國之代表權不容剝奪。」八月二十六日上午，蔣介石召集決策高層討論代表權問題，仍堅持美國「提案中不能提安理會席次給匪共，否則無異逼我國退出聯合國」。

九月八日，馬康衛通知周書楷，經與盟國磋商，美國決定遵照多數意見，修正雙重代表權案，直接表明安理會席位應給中華人民共和國。對此周書楷在九月十日向馬康衛提出正式回覆，對美國決定「特別感到遺憾」，重申美國提出「雙重代表權案」時，中華民國必須公開聲明強力反對。但周書楷偷偷告訴馬康衛，在九月九日的一次全天會議中，決策高層有一場激烈辯論，希望說服蔣介石做出「痛苦」決定，不輕言退出聯合國，但華府不能期待蔣再做更多讓步。

所謂九月九日台北決策高層的激烈辯論會議，實情究竟如何？那一年的九月十三日，蔣經國在日記記載：「九日晨父親召見黨政負責人員討論外交局勢，對於聯合國代表權問題，父親做以下重要指示：『如此重大事件應重視大勢和原則，不宜計較目前的利害和一時的得失，於必要時應早作退出聯合國之準備，遲退不如早退，被動退出不如主動先退。至於可能發生之惡果，則不必亦不宜多去考慮和擔憂，一切只要照大道理去做，總是不會錯的。』父親並表示，其個人將與基地共存亡之決心。此為一次歷史性的會談。」

隔天又記：「美國藉口為了擊敗阿爾巴尼亞案、保持我在聯合國之代表權，將建議在兩個中國計劃中增列條款，將安全理事會席位讓給共匪，並要求我國對此加以默許而不加以反對，這是美國的舊陰謀新方式，以達到其出賣我國家的卑鄙目的。吾人所受到的恥辱已經到了忍無可忍的地步。惟處此危急之際，一切皆應三思而後行，一步亦錯不得也。」可見儘管美方竭力隱瞞，兩蔣已經做了必要時將主動退出聯合國的最壞準備。

從九月十五日到二十日，蔣經國日記中頻繁記載對事態的研判與對應之策。九月十五日：「美國領頭將向聯合國大會提出雙重代表權案，准許共匪進入聯合國，並將我國在安全理事會常任理事席位讓予共匪，此一事態發展已經到了嚴重階段。不過吾人應以冷靜沉著和堅定的心情及意志，來迎接未來更為險惡的情勢。」十七日：「連日商討聯合國的有關問題，不過都是消極的應付，難有積極的反擊之舉。」十九日：「有關美國對我在聯合國的地位之立場，從墨菲於四月來台直至前日尼克森正式宣布容匪進入安理會，雖我方節節委曲求全，而匪方之態度則越來越惡劣，吾人為保衛聯合國代表權之戰，必將面臨更大的艱苦。」

當時日本、紐西蘭及澳洲等國認為中華民國在這一次聯合國無論如何都將失敗，不肯連署美國的提案，以免觸怒中共。蔣經國忍不住在九月二十日日記批評：「這些國家都自稱是太平洋盟友，如此行為如何不使人心痛！」他認至認為「聯合國的軟弱無能、是非不分、媚強凌弱，正義全消，無法發揮功能，只是謾罵場所。我國自協助創立至今二十六年，有何收穫？有何裨益？得之無足喜，失之無足憂也。」

進入十月，蔣的關注重點已轉向如何因應變局。十月一日記載：「無論國際情勢如何變化，以本國利益計還是要很現實的尋求與美日之合作，在軍事上力求作戰自立化，我應有充分之反潛、反快艇與絕對之制空力量。三軍全力支持外島與海域之防衛，警總確保本省之治安與安全，使責有所歸。在政治上——組織彈性化、人事均衡化，今後立法機構之產生應不拘泥於現有法律，並選擇適當之台籍人士任必要之職務。總之，確保民心之團結與安定實為當務之急。在經濟上——產業革新化、貿易政治化，只有新技術才能生存競爭。」

十月二日另記：「今後對外貿易必須與政治相配合，始能發生雙層之效果。」十月十五日記：「父親召見政府首長，對我在聯合國之席位問題作原則性之指示，不論情勢如何變化，吾人務必堅守立場，保持國格，為國家流最後一滴血，以盡自己應負之責，就是失敗亦是光明。」

以上日記有三點值得注意：一、蔣經國已經注意到，中華民國一旦退出聯合國，大中國代表性將不復存續，因此立法院不能再以老法統的結構為滿足，需要「不拘泥於現有法律」另做安排，為日後的擴大增額立委選舉留下伏筆。二、由於前一年的四月發生刺蔣案，加上退出聯合國的衝擊，如何維持內部穩定益形重要，因此要「選擇適當之台籍人士任必要之職務」，人事本土化開始啟動。三、蔣認為「對外貿易必須與政治相配合」，以發揮雙層效果，這是日後「經貿外交」之濫觴，並延續至今。

此時由於擔心可能引發學生抗議的學潮，十月十九日蔣在日記記載：「約閻振興談台大情況，他過於慌張而且怕負責任，講話很激動，但都在推卸責任，自留餘步，始料不及。台大易長可能是一個錯誤。」推測可能是因蔣經國要求嚴管台大，對師生進行監控，閻振興校長感到為難，而有讓蔣認為他怕負責任的印象。四天後，蔣另約台大訓導長張德溥詳談台大學生活動之趨向，十月二十三日記載：「目前所可注意者乃是少數偏激學生企圖煽動學潮，一不小心可能影響全局。來自香港之部分學生負有匪方之使命來台策劃學潮。」

到了十月二十二日，距離聯大表決時間已近，蔣在日記記下：「秋已深，晨晚已有寒意，本是良好時光，但是事多心煩，無意作任何之消遣。聯合國之辯論即將結束，所謂代表權問題即將表決，吾人對其結果如何處之泰然，一旦退出聯合國必將影響內政外交，尤以學生運動和經濟建設為甚。我們應作最壞之打算。」三天後日記又記：「處此義利莫辨、正邪不分之際，吾人留於聯合國之內，除了忍受恥辱之外已無其他價值。惟退出聯大之後，我們必須調整陣容，加強雙邊外交。國際局面越混亂，國內秩序則更應求其定。」

十月二十六日當天，日記欄目寫了「宣布退出聯合國」幾個大字，並記：「對於聯合國的得失，很想處之泰然，但是此心此意總是難得其定，日夜不安。因為對國家的命運而言，這是一件關鍵大事。」隔天並對美國受制於中共笑臉外交提出批判：「廿年來共匪之所謂外交一向採取蠻橫政策，在蠻橫的掩護之下隱藏了他們的恐懼。從去年開始，共匪覺悟到長期蠻橫無助於其目標之達成，於是改用笑臉外交，希望以欺騙來取得勒索不能得到的東西，本來這就是共黨外交的典型模式，不幸許多民主國家卻已上了他的圈套。這些民主國家在不久的將來可能會了解其錯誤，但可惜的是他們此刻已經造成了對我們的傷害。」

退出聯合國已成定局，一切政策必須重新再起。蔣在十月二十八日日記自陳：「從我退出聯合國起，反共復國大業已經面臨到一個新的階段，這一階段可能延續好幾年，直到敵我消長，形勢有了更大的變化，或者世界重又發生另一新的變局為止。」隔天又記：「自二十六日以來，雖然處理公務照常，但是傷痛之情至為沉重，已有數夜未曾安眠。在工商日報看到我國退出聯合國後，一枝本來懸掛青天白日滿地紅國旗的旗杆，今日已告空置。又讀到一項消息，中華民國的國旗今天已不再在聯合國總部前升起，這是二十六年來的首次，悲憤之中，流下了自己的熱淚，國運如此惡劣，豈能不使人痛哭。」

蔣為退出聯合國而流下熱淚，但他很快恢復冷靜。當時接獲大專學校中少數學生正在發動學潮，擾亂學校與社會秩序，十月三十一日記載：「今天的變局雖然是外來的，但必須防其增加和擴大，最重要的還是要安定內部，只要渡過一年半載，社會穩定，人心不浮動，才能慢慢的安定下來。但是另一次的風暴將接踵而來，我們在心理上應另作準備。」同時他約見政大研究員李慶平、台大研究員王曉波、政大學生李慶華、淡江學生顧伊文講話，日記中記載：「他們都有愛國的熱情，但是並不了解國家的苦衷。」

艱苦的聯大保衛戰就這樣過去了，隔年的五月二日，蔣在日記寫下：「在短短的一年之中，世界局勢變化劇烈，侵略者之暴力猖獗，我們國家就好像一艘在海上航行的船，經過了與狂風巨浪的搏鬥，現在回到了比較平靜的海面，繼續朝著自己既定的目標鼓浪前進，並且在等待下一波『大颱風』之到來。」

那一年的五月十七日，國民黨中常會通過嚴家淦副總統辭行政院長兼職，由蔣經國接任行政院長，台灣政局自此進入蔣經國時代。

中壢事件爆發

一九七七年十一月台灣舉行五項地方公職選舉，選舉過程發生「中壢事件」，此後街頭抗議就成了台灣民主運動的常態，中壢事件因此被認為是台灣街頭運動的開端。兩年後美麗島事件爆發，台灣政治從此進入新的篇章。

當年國民黨提名調查局出身的歐憲瑜參選桃園縣長，省議員許信良未獲提名自行宣布參選，十月即被國民黨開除黨籍。投票當天爆發群眾抗議作票的流血衝突事件，選後次日，全國報紙都對中壢事件輕描淡寫，一週後《聯合報》才以頭版報導中壢事件。由於中壢事件的教訓，桃園縣投票所全部重新開票，最後許信良以二十二萬票對十三萬票，勝過國民黨提名的歐憲瑜，高票當選桃園縣長。

筆者翻查蔣經國日記發現，從一九七七年十一月到該年年底，日記上對此次選舉的記載雖多，但並無一字直接提到在中壢發生的事。那次選舉國民黨在二十個縣市中丟掉桃園縣、台中市、台南市及高雄縣四個席位，蔣在日記反覆檢討的是國民黨為何遭此挫敗，甚至引為自己從政以來所遭受的最大打擊，好幾個晚上不能成眠，乃至於質疑「難道只有選舉才算是民主政治？」凸顯出他「開明專制」思維中「專制」的一面。且看他日記是如何記載的。

十一月九日選前十天，蔣經國在日記記載：「今年的地方選舉由於匪諜、台獨與各類反動分子之滲透而來，本黨組織之有形無實，所以面臨許多困難。但是我必須以信心和決心來達成此次選舉。」

十一月十九日投票當天，蔣在日記記載：「難道只有選舉才算是民主政治？在安定而清明的社會中，或許選舉可以反映一般民意；但在今天重利為先的社會中，選舉反而成了勞民傷財之舉，但是又不能不辦。」這可說是蔣經國本人對民主選舉最露骨的質疑，只因「不能不辦」，否則他對勞民傷財的選舉應是寧可不辦。

十一月二十三日他主持中常會，「以最沉痛心情檢討選舉之挫敗」。兩天後在日記中對此次選舉做了徹底檢討：「十九日公職人員選舉之挫敗（亦可以說失望），乃是自從政以來所遭受的最大打擊。自知此次失敗包含了極嚴重的不利於黨國的危機，至於決策與準備方面，我過估自己的本身力量，而輕視反動力量之發展，對於提名之候選人未加深入之考核，輕信『幹部』言，木已成舟，後悔莫及。余對選舉之失敗應負全責，惶愧交感。一月來坐立不安、夜不成眠，但是我絕不示弱而退卻，否則正中敵人之計矣。余所痛苦者並不在敗於敵人，而是黨內同志（失意）竟以幸災樂禍之冷笑以論此一痛苦之失敗。」

又記：「吾人應從此一傷痛的失敗中詳加檢討：（一）黨的作風落伍，（二）黨的基層組織已經腐爛，（三）黨的幹部腐化而且自以為大，（四）民眾把黨看作是壓迫他們的機構，根本談不上服務。」他又批評「反動分子在政治上將敵人劃分為國民黨與非國民黨，在地域上將人民劃分為台灣人與大陸人，這完全是共產黨一分為二的鬥爭方法。我們如再不覺悟，則黨國之前途危矣。吾人如能痛改前非，則可以因禍得福；如再痲木不仁，未來日子不堪設想矣！今天不是沒有辦法和理想，而是苦於人才之難得。」

儘管已做了深刻的檢討，蔣經國顯然還無法從選舉的挫敗中抽身出來，從十二月開始一連幾天的日記都反映他的挫折與沮喪，到了夜不能眠的地步。十二月一日：「數夜不能安眠，日間亦站立不安，這都是由於地方選舉慘遭失敗後所受刺激之故。這確是政治生命中最嚴重而出於意外之打擊，處此逆境千萬不可動氣，而要內心靜思自反。」十二月二日：「地方選舉所遭之挫敗和打擊，可以說是深痛而永難忘，乃是奇恥大辱。」十二月三日：「妻住院已有一月之久，在此期間一人獨住，深感寂寞孤單，回家後每每似有所失，尤其在選舉失敗之後，更為傷痛而惶惑不安，如此奇恥將何以忍受，一切都應擔當起來。」

由於無法忍受敗選的「奇恥大辱」，蔣經國甚至萌生不如死去的念頭。十二月三日的「上週反省錄」中記載：「自反之後，心之深處忽生『生而受辱不如死而求心安』，惟今日之事無法一死了之，死要比活來得容易，此在一念之差耳。為了黨國、為了同志親友，為了家庭、為了家人，豈可走此盡頭路，此亦為敵人求之而不可得者，我豈可如此為之？敵人緊追而來，身為蔣氏之子豈可一逃了之？余自信有經得起挑戰的勇氣！」

冷靜下來後，又記：「虛心檢討此次地方選舉之失敗，因素固多，其要者不是外來而是內到，自滿自大不知改革，腐敗落伍而不知進步，平時不做群眾工作，有事臨時抱佛腳，豈不可痛。」

然而選舉失敗似已成了他揮之不去的心魔，十二月六日日記記載：「服藥物、打針後仍終夜未眠，幾乎未睡一小時，這是少有之事，其原因不在於生理而在於心理。選舉挫敗之餘波不但未稍退，而且精神負擔益重，來自各方面的壓力日益加重。」

讓他頭疼不已的還有敗選後的人事安排問題，十二月八日又記：「夜間又不成眠，對於黨及人事考慮良久，而不得要領，無人可用乎？不會用人乎？平時未注重考核與培養人才，乃為主要原因。今年是最痛苦的一年。」為了敗選後的人事安排，讓他夜不能眠，只能靠安眠藥來幫助入睡，十二月十六日日記提到：「夜間失眠服安眠藥過多，到早晨九時半始起，這是非常不應有和不好的現象。」

那個週末他到台中省府參加新當選縣市長座談會，致詞勉勵兼聚餐，但心情顯然仍未平復，日記中記載：「對於黨外人士談話較多，以示一視同仁之意。至於反應如何，不必去顧他。人心是難料的，政治是現實無情的。」

中壢事件發生時，蔣經國是國民黨主席，選舉失利他首當其衝，儘管已在中常會上表明「對選舉之失敗應負全責」，但最需負起責任的則是對提名候選人未加深入考核的組工會主任李煥。李煥長年追隨蔣經國，為其倚重、賴為股肱，一度身兼救國團主任、中央黨部組工會主任與革命實踐研究院主任三大要職。由於中壢事件的衝擊太大，為了向黨內交代，隔年的一月四日國民黨中常會通過，撤除李煥所有職務。

至於叛黨參選的許信良，蔣經國也不手軟。許在擔任縣長約兩年後，因參與一九七九年一月高雄橋頭事件遊行聲援被政府逮捕的余登發父子，而於四月二十日遭監察院以擅離職守、參與非法遊行活動等理由彈劾，許信良接著被公務員懲戒委員會處以休職兩年處分。

一九七七年十二月三十一日，他在日記中寫到：「不知不覺中送走了六十六年，天寒心更寒，在過去一年之中，自問無私亦無我，為國為民出了不少心力，頭髮亦白了不少，但是一無所成。年終地方選舉的一次挫敗，勾消了一年來所花的心血，政治是多麼的殘酷無情。再往新年看，充滿了艱難險阻，要為黨國爭氣，不得不含淚忍辱負起重擔，再往向上行。」在煩惱和憂傷中，結束了艱苦的一年。

朴正熙遇刺身亡

一九七九年十月二十六日傍晚，韓國總統朴正熙在位於漢城宮井洞的中央情報部祕密宴會廳內，被時任中情部長的金載圭槍殺，當場身亡。此事件引起蔣經國的高度關注，十一月三日日記記載：「南韓之叛亂對我國內之政治情況頗有影響，如何除內患實為當務之急。」

「10.26 事件」發生前，美國總統卡特訪韓，與朴正熙在韓國人權問題、駐韓美軍去留等方面存在巨大分歧，雙方的會見火藥味非常濃，卡特甚至回絕了國賓禮遇，改在駐韓美軍宿舍就寢。剛處理過台美斷交的蔣經國，對韓國局勢十分關心，不放過任何訊息來源。那年九月十五日日記記載：「約見記者李在方（註：當時中央社駐韓記者），居韓十二年，年輕有為。聽其詳談韓國之內情，國內不安，外有強敵，加上美帝公開干涉，朴之處境甚為危難，不亞於我，錯不得，亂不得也。」

由於朴正熙是被自己的情報頭子金載圭殺死，關於兇手行兇動機在韓國國內與國際間傳得沸沸揚揚，蔣經國則有自己的判斷。十一月三日日記記載：「朴正熙於廿六日被刺而死，死得奇怪，是一個大謎。美國正式聲明此事與其無關，無異說此地無銀三百兩，美國政府之愚蠢到此程度實在可笑。政治外交是多麼殘酷無情，可不慎乎？伊朗國王被迫離國，尼加拉瓜蘇慕薩之下場亦如此，繼之為薩爾瓦多總統下台逃亡，到朴正熙被自己人所刺，一連串的事件都是相連的。」此時已可看出蔣認定是美國在背後下的手。

經過幾天的情資消化，十一月五日到十日的日記中，蔣經國以足足兩頁寫下對朴遇刺的判斷，這可說是他對朴正熙遇刺最直接、最完整的心跡表白。先看他日記怎麼說：「朴正熙已經安葬。死因未明，蓋棺似已可論定。他是一位反共愛國的傑出領導者，他的作風和方法是不是正確，另當別論，且何人無短處。但是朴是一位存有善意的政治人物，就此一點，在今世此日已經不容易了。領導南韓十八年，經過大風大浪，在內外交迫之下完成了有計劃之大建設，確實難得。其處境之痛苦，余自問知之至深。」

朴之被刺，有幾個現象是沒有問題的：

第一是朴的內部發生了裂痕，外來的力量即美帝早存以去朴為快，因此使美有乘機而入之可能，於內應外合而造成了此一悲劇。

第二、南韓社會不安（罷工、課、暴動）和經濟之不安，亦是促成此次政變之客觀主因。

第三、朴有如此眾多親信和嚴密的黨和情報組織，對於如此重大預謀之事，竟無一人預告密報，這是不可想像之事，值得吾人警惕，人心可畏矣。二、三十年來李承晚、吳廷炎、朴正熙諸事，以政治性質而論都是大同小異，凡是堅決反共的領導人，無不由共產黨以借美刀殺人之方法以除之，先製造輿論，由輿論而煽動社會，下一步即用徹底的陰謀方法，以作根本之剷除。

從以上的記載可以看出，蔣對朴的評價很高，並對他「內外交逼」處境之痛苦，「知之至深」。這既是對朴的評價，應該說也是蔣的自況，才會說對朴的處境他「知之至深」。其次，蔣分析朴正熙遇刺的內外潛因，包括內部分裂、社會不安和經濟不安等，這些因素是否也存在於台灣，想必會刺激他去思考，研究如何避免重蹈覆轍。

再者，身為台灣情報的首腦，蔣對朴「有如此眾多親信和嚴密的黨和情報組織」，竟然還被狙擊遇害，「如此重大預謀之大事，竟無一人預告密報」，除令他感到不可思議之外，恐怕更多的是戒慎與恐懼。合理推論，事後蔣必然要求加強自身的安全保護系統。

進而，蔣又聯想到「二、三十年來李承晚、吳廷琰諸事」。李承晚是韓國建國時的總統，吳廷琰是南越總統，兩人都在任上被暗殺，外傳是美國 CIA 下的手。蔣因此推論：「凡是堅決反共的領導人，無不由共產黨以借美刀殺人之方法以除之。」這段日記不但透露了蔣對朴的評價、對美國的看法，還有此事件對他的衝擊，甚至可能影響後來台灣的政治改革。

朴正熙遇刺是一九七〇年代國際上的大事，此事和菲律賓馬可仕被迫流亡，都是影響東亞第三波民主的關鍵事件，當然也間接影響台灣的民主化進程。事發的大背景是進入七〇年代之後，美國因為長期陷在越戰的泥淖中，國內各方面都出現重大危機，加上蘇聯軍力擴張，共產集團內部鬧分裂，促使美國修正其全球性戰略，開始和中共展開接觸，尋求聯中抗俄。

刺殺事件發生前，美國總統卡特赴韓訪問，並與朴正熙發表聯合公報。公報隱含美國對韓國有兩點要求，第一點是，韓國將來必須能獨自對抗北韓的侵略，第二點是，韓國應維持國內的安定。卡特這兩點要求，其實只是他就職後所發表的自韓撤軍計劃，但對朴正熙則造成極大壓力。朴正熙遂以「國家安全」為理由，加緊對國內的高壓控制。於是，在「朴政權愈是高壓，反對勢力就愈擴張」的連鎖迴圈之下，韓國內部的政治危機越來越嚴重。而朴正熙的這種強人姿態也令美國非常不滿，在重重的內外矛盾下，最終就以情報部長刺死大統領留下一個悲劇結局。

不難想見此事對蔣經國衝擊之大。前一年的五月二十日他剛就職第六任總統，年底就遇上台美斷交，失去最大的國際外交與國防安全支柱，隨之而來的還有中共凌厲的統戰攻勢，加上當時台灣內部也很不平靜，蔣經國的處境只能用「內外煎熬」形容。因此如何避免重蹈韓國覆轍，包括與美關係以及台灣內部局勢的掌握，朴正熙遇刺事件相信給了蔣經國很大啟發。

深夜驚聞台美斷交

一九七八年十二月十五日，台北時近午夜，美國大使安克志奉命緊急求見蔣經國，告知卡特總統幾個小時後即將宣布與中共建交。剛剛服過安眠藥入睡的蔣經國從夢中被叫起來，得知後憤怒不已。幾天後他在日記寫下這段經過：「美國大使於十六日清晨二時謂有極緊急事要求來見，果不出所料，美國將於六十八年一月一日承認共匪，同時與我斷交。當即以嚴肅態度向其提出最嚴重之抗議。內心憤恨痛苦，事已至此，身負重責，只好以理性處理此一大變。」

與美斷交對在台灣的中華民國來說，是繼一九七一年退出聯合國之後，再一次的外交重擊。加上對岸中共開始改革開放，正逐步加大對台統戰工作；內外環境的劇烈變化，對那年五月剛當選總統的蔣經國構成無比的挑戰。閱讀他在這段期間寫下的日記，裡頭充滿著起伏情緒，時而昂揚自許，怒罵美帝無情，時而黯然低迴，感嘆國小被欺；尤其擔心軍心民氣受挫，因此必須強自鎮定，處變不驚。但他畢竟是人不是神，也會有心慌軟弱的時候，嚴重時甚至想要一死了之，身心之煎熬與苦痛實非外人所能想像。

美國擬與中共建交，早在一九七一年七月和十月季辛吉兩度祕訪中國，繼而一九七二年尼克森的破冰之旅後，就已經是箭在弦上。如果不是發生水門案，導致尼克森辭職下台，兩國關係的正常化還會提早好幾年。從那時候開始，台灣當局隨時就得提防斷交來臨，蔣經國當然也飽受煎熬，一九七八年一月二十四日的一段日記，足以反映他當時的處境與心情。日記寫道：「美大使邀余晚餐，並觀美國電影，本想謝絕，因以此類應酬為苦，但是以國家的利益計，接受了此一邀請。當晚花了三個多小時，在精神上是近月來最感痛苦的一段時間。心理在反，面上在笑。」

一九七八年三月八日，美國總統卡特寫信給華國鋒（一九七六年毛澤東死後繼任國家主席），表明美國同意根據「上海公報」與中華人民共和國建交，蔣經國發表公開聲明說：「不承認尼克森與周恩來所簽訂的所謂上海公報為有效的法律文件。」四月二十一日日記記載：「美匪建交之路已為定局，問題在於美匪間所存在之重大矛盾是否能夠解決。吾人之基本政略在盡力設法拖延時間，以待匪方內部以及國際大局之變，發生對我有利之因素。當然我們所要注重的，還是在鞏固自己自立自強，目前所應注意的還是內部問題。」

美中雙方隨後就關係正常化和建交展開第一階段談判。一九七八年七月初，民主黨籍的眾院外交委員會亞太小組主席伍爾夫（Lester L. Wolf）率團訪問北京見了鄧小平，據哈佛大學教授傅高義所寫《改變了中國的鄧小平傳》一書，鄧小平接見訪問團時曾表示，美國必須接受中方「斷交、廢約、撤軍」的三條件，但美國可以和台灣維持經貿及文化的非官方關係。當時蔣經國似乎尚未掌握美中談判情資，七月二十七日在日記記載：「鄧匪對往訪之美國議員伍爾夫說：國共可做第三次合作，台灣問題可由中國人自己來解決，並謂蔣經國是其同學，同時新華社則指我與蘇聯賣國，此乃共匪的新陰謀正在發展之中。」

八月十一日又記：「美匪建交確是一次危機，但是如能運用得法，亦可能是轉危為安的一次轉機。在建交前後必將亂一陣子，怎樣轉亂為定，乃是主要的戰法。要使民眾對政府以絕對的信任，乃為最要之圖。」可知蔣當時雖未能得知美中建交情資，但已在為斷交預作準備，重點在如何使民眾相信政府，這需要政府領導層本身的自持鎮定。九月十九日他在日記抄寫蘇軾前赤壁賦一段文字，頗有自期自勉意味：「蓋將自其變者而觀之，則天地曾不能以一瞬；自其不變者而觀之，則物與我皆無盡也，而又何羨乎！且夫天地之間，物各有主，苟非吾之所有，雖一毫而莫取。惟江上之清風，與山間之明月，耳得之而為聲，目遇之而成色，取之無禁，用之不竭。是造物者之無盡藏也，而吾與子之所共適。」

不久他收到美中密談情報，十一月十七日日記記載：「批閱美國政府準備和共匪正式談判所謂正常化之綱領密件，其真實性似可信。美帝在此一文件中充分表現出了無能無恥，有意向共匪做無條件投降，吾人對於可能發生的各種變化，擬定應付的辦法。近來將以處理對美關係以及發展國防科學作為工作之重心。」

由於美中建交在即，卡特政府為免國會友台議員責難，責令國務院要求駐台大使安克志安撫蔣的情緒。十一月一日蔣經國收到一封安克志來信，對他大加讚揚和同情，讓蔣心覺有異，十一月二十日日記寫到：「怪哉，決定置之不理。」

十二月六日蔣主持中央常會，當天日記記載：「處此緊要關頭，必須以始終如一的態度，貫徹以下之基本政策：（一）絕不與共匪妥協；（二）絕不與蘇俄交往；（三）絕不讓台灣獨立；（四）絕不讓反動派組成反對黨。這是救國護黨之要道。」幾天後他就接到美國大使凌晨敲門告知噩耗，當即約見黨政軍負責人員商談，五小時後召開中常委緊急會議，宣布非常法三條，下令三軍戒備，並停止進行中之選舉，以安定人心。十八日召開中央全會，討論中美關係有關問題。接著就要面對艱難的斷交談判過程。

十二月三十日蔣在日記寫道：「二十七日美國政府代表團於夜間抵台北時，受到示威群眾之嚴重干擾，乃是極為不利之意外事件，使我預布的一盤有利的棋變為不利。群眾難以控制，深以為憾。代表團見了兩次，開了兩次會議，沒有協議，亦未破裂，代表團於二十九日下午返美。」實際情況當然遠比日記所述複雜許多，台灣一直把美國視為亞太親密友邦與安全保障，美國片面宣布斷交，讓台灣人對未來極度不安，社會充斥著「共匪是不是會打過來？」「台灣是不是會淪陷？」的議論，恐慌心情瀰漫各個角落，美國代表團抵達台灣成為民眾不安心情的發洩出口。

二十七日晚間十時，美國副國務卿克里斯多福一行踏進松山機場，當下氣氛緊繃，外交部次長錢復以一五〇〇字聲明迎接美方代表團，強硬指責美國「不僅破壞中美友誼，也破壞西太平洋和平」。這篇公開講話，原本是準備給蔣經國在適當場合發表，但蔣認為還是在與美國代表團一見面時使用比較恰當，這也為錢復後來駐美安排惹出「麻煩」。由於聲明內容被美方認為太過強烈，卡特政府不歡迎錢復出任斷交後的駐美代表，一直等到一九八三年一月，雷根政府時期錢復才得以出使美國。

代表團一抵台就飽受群眾示威抗議，讓美方相當不滿，當晚美國大使安克志立刻與外交部長蔣彥士及新聞局副局長宋楚瑜通話，歇斯底里地說「機場都是暴民、拿著竹竿、眼睛充滿血絲，我們生命受到威脅……」，要求面見蔣經國，由他親自保證美國代表團的安全，否則將中止談判。幾經折衝，直到凌晨克里斯多福一行人才決定繼續留下來談判。

十二月二十八日與二十九日兩天，克里斯多福與蔣彥士在圓山飯店舉行斷交談判，但氣氛並不好。談判首日，雙方針對台灣法律地位進行攻防，克里斯多福說美國只能認定中華民國為「台灣當局」等，讓談判進展困難，第二天討論台灣防務，但雙方交集少。台美談判進行的兩天中，一度還發生美國駐台人員座車遭到破壞等意外，美方代表團一行人決定十二月二十九日縮短行程離開，而且還直接表明，美國將不會再派人來台北，接下來談判必須由台灣派人去華府進行。

送走美國代表團一行，很快就是國曆新年，蔣在日記寫上新年大事記：「元旦致詞、人人愛國、人人報國、人人救國。我決繼續反共奮鬥，徹底消滅匪偽政權，直到獲最後勝利。」新年度的日記頁首還貼了紐約時報記者卡姆對他的專訪，蔣預言「美國誤把敵人當朋友，各種弊害必接踵而至，匪將擴大美俄衝突，孤立美國並進行滲透顛覆。」以及中央日報社論的剪報，標題：揭穿共匪民族主義的偽裝，同為維護民主自由而奮鬥。

一月一日這天，美國正式與中共建交，蔣日記記載：「心煩意亂，服重量之安眠藥已有多夜，所以身心甚不舒適。美國於今日起承認共匪，為之苦痛悲傷，更有失職之恥，此心如何得其安耶？」當天他主持中央慶祝元旦大會後，即赴慈湖「向父靈拜年」，似乎要藉此求得心靈上的慰藉，連續幾天日記寫到：「沿途寒風細雨，有感交集，莫為眼前震撼迷失遠大前程。在慈湖遇見前來謁靈之民眾，甚為感動。」「向父靈墨稟中美關係變化後自處與肆應之道，兒心不安，蓋處理此一大事恐有疏忽錯誤之處也。」「慈湖梅花盛開，使兒想起父親生前在此散步、採梅之情形，至感哀傷。國家多難，處理國務雖已盡我心力，但無法平我之心。寢食難安，美國將以置我於死地為快，事已到了如此地步，美國還要不斷的欺侮我們。帝國主義之真面目日益暴露清楚，吾人務必作最壞之打算。除了自己，再無人可靠了。」

此時對美談判已經在華府進行，由外交部政務次長楊西崑負責主談。楊西崑十二月底赴美，原本只是要為斷交事件處理過渡安排，美方認為楊西崑人既然已經到美國，不願意台灣再派出官方代表團赴美。所以後來楊西崑又多了一個總統特使頭銜，全權代表中華民國與美國進行斷交談判，這一談就談了兩個多月。當時楊西崑主要與包括助理國務卿郝爾布魯克在內的國務院官員談判，雙方代表各自政府立場，各有堅持，光是未來關係屬於官方還是非官方，一直各說各話，中華民國駐美機構的名稱與數量也是攻防戰場之一。從十二月底到隔年二月底，楊西崑與美方的協商多達三十多次，包括在國務院就有十七次之多，談判過程當然也隨時向台北回報。

一九七九年一月一日中共與美建交的同一天，由全國人大常委會發表「告台灣同胞書」，呼籲商討結束兩岸軍事對峙狀態，並提出兩岸三通、擴大兩岸的交流等主張。一月六日蔣日記記載：「共匪為了配合其陰謀詭計，大作其統戰文章，引誘欺騙無所不用其極，安定內部、團結人心，實為當務之急。不怕環境之難，只要自己不要心慌意亂。」

不過此時他的心思放在對美談判上，日記寫道：「中美斷交後，我對於如何與美方談判、中美間關係有關事宜，本已妥作安排，後來因為有暴徒混入學生遊行隊伍，毆打美國談判團後，使形勢從有利而反變不利，乃是一大不幸。而這些暴徒乃是反動派（許信良等）所雇用，而這些反動分子都是由美國特務所培養，我處境苦矣！」一月七日又記：「美帝不顧法理，更無情加我以壓力，無法再受。年輕外交人員為此動氣而不能制，但是如此大事不可動氣也，今天是彼此利用而已，可利用者則用之。」

一月八日日記提到：「繼美匪建交之後，共匪向美對我發動空前之和諧與統戰，並停止對金門炮擊，此一手段比戰爭更為惡毒，召集負責同志共謀對策。」顯然北京的和平攻勢已讓他感受到壓力，無法再只專注於對美談判，而須兩頭因應。這讓他陷入高度的焦慮。從接下來幾天的日記，可以看出他當時極度不安的情緒：

一月九日：「我不怕任何外來之任何壓力，所可憂慮者乃是內部之不夠團結而又缺乏助手。我不應管大小諸事，但只要有一事疏忽，就會發生大錯，此乃我之無能也。」

一月十日：「數夜未眠，頭腦不清，精疲力竭。美方的壓力加身，一天要比一天重，尤其未能保持同胞之尊嚴和安全，實在沒有面目活在人世，內疚至深，將如何自處？」

一月十一日：「三週來事多心煩，中美談判之難，由於雙方已無外交關係，一也，所可運用之時限不多，二也。連夜惡夢，心情不寧，這是一段最為苦痛的時刻，一生中少有者也。」

一月十三日：「昨晚體溫升高，體力疲乏，服安眠藥後小睡。無時無刻不以中美談判之成敗而憂慮，余對此一談判，一貫秉持維護國家利益立場，從容肆應，不求速快。」

另在每週的反省錄上記載：「美國國務院為其本身政治利益計，迫我在國會開會前（十五日）與其結束談判，余經審慎之考慮後，決定採取拖延政策，以觀國會之情勢後再做計策。此一決定是利是弊，可以說是一次『賭博』，不過我已盡我之心意矣，今天只好走一步算一步，無愧於心則矣。」日記上還提到「夜間多惡夢，白日則有心慌意亂之念，自從中美關係發生變化之後，就沒有離開過台北，好久沒有見到我愛好的平民了，我非常想念他們。」

當時國內外有許多人提出各種建議，但蔣心中自有定見。一月十五日記：「休息了一天，由於考慮種種問題過多，反而益感疲乏。有人雖有愛國之意，但是所提出來的所謂愛國意見，反而足以害國，有人被人利用而不自知也。」

一月十七日記：「小政客利用老政客主張召開國是會議或反共救國會議，此乃所謂CC派的一種爭奪手法，余堅拒之。國家多難正是政客混水摸魚之時，主政者要小心上當。」

一月十八日：「克萊恩來信建議對美談判應採強硬態度，甚至於必要時停止談判。克之用意雖善，我決定拒採此一意見，今日不是鬥氣之時也，以小事大和以大事小有所不同也。」克萊恩是前美國中情局台北站長，和蔣經國公誼私交甚篤，克萊恩太太還是蔣經國的英文家教，雙方關係之密切可以想見。即使如此，蔣仍認為克的提議乃是鬥氣，並不可行，還說克萊恩「可交為友而不可信也。」

此時台美之間已無外交關係，台灣小而弱，可運用籌碼不多，對美談判只能被動因應，讓蔣有很深的無力感，甚至出現不如死去的念頭。

一月十九日記：「連日陰風細雨，生活甚不正常，白天好睡又頭昏，思考問題缺乏條理，感覺到一無是處，終日沉悶而憂傷。美國凶狠玩弄，壓力無法再忍，所謂中美談判前途可悲。」

一月二十日記：「由於睡眠不佳，半夜醒來感覺心慌而寂寞，這是最感痛苦的時刻，甚至想起生死一念。對於許多大事想得開，對於小事反而想不開，何耶！」

一月二十一日記：「陰沉的天氣，苦悶而又憂鬱的心情，日夜不安，有時如在昏睡中，手足無力，頭昏不清，這都是因為自己在困難中不能自制之故也，成敗在於自己是否能自立自強。」

當時美國的國際處境其實也很狼狽，一九七五年美軍撤出南越後，不久南北越統一，南海出現大量越南難民；一九七八年底伊朗爆發大規模示威活動，癱瘓了整個國家，隔年一月中旬，親美的伊朗國王巴勒維被迫流亡海外。美國撒手不管造成的悲劇，蔣經國都看在眼裡。一月二十五日記：「在電視上常常看到漂流海上的越南難民，其狀之淒慘心酸而痛，這都是『帝國主義』的產品。」二月十七日記：「美國欺騙伊朗王造成悲劇，伊朗發生內戰，其禍首是卡特。美駐德黑蘭大使館被占領，駐阿富汗大使被害，卡特訪墨西哥被辱罵，美國情況發展到此危矣！」

一月二十八日已是農曆正月初一，蔣沒有歇息，仍在處理對美關係問題，日記寫道：「匆匆改歲，今天起已是羊年，過年了，應當是喜樂的時刻，但是不但一無可喜之處，內內外外充滿了憂傷的情事，為國事而憂、為家事而傷，一無安逸之所，越想越痛苦。」

一月三十一日春節期間蔣經國主持中央常會，日記記載：「美國已成為共匪之幫兇和工具，對我壓迫威脅無所不用其極，已至忍無可忍的地步。吾願不惜破裂以試之，再思之還是要以國家利益為重，今日不可鬥氣而堅忍之。」而在「本月大事預定表」欄目則寫著：「對美談判極為不利，我弱人強，所可運用之力量極為有限，處處受人之操，氣憤之情令我難受。此時此刻求得國家之能夠生存為第一條件，此外，外交談判要能屈能伸也，我國家受美之侮辱陷害豈只此一次，還是要繼續忍受下去，堅百忍以圖成也。今日要寧靜而不可自亂也，不可急亦不可慌，穩定至上。」

這些話除了是用來為自己打氣，所謂「外交談判要能屈能伸」、「此時此刻求得國家之能夠生存為第一條件」，也顯示他對談判底線已有所準備。當然，他的心情無論如何是無法平復的，所以在「上月反省錄」欄目上又寫著：「春節前後炎熱如夏，但是我的心情則如冬天飲冰水，點滴在心頭，自己的痛苦只有自己知，一切無非是為了國家和人民的利益而計也。一週來夜間多惡夢，心不寧也。」

一九七九年一月二十九日鄧小平以國務院副總理身分應邀訪美，這是美中關係上的大事，二月一日蔣經國在日記記載：「鄧匪訪美是一次外交上的大陰謀，其目的有二：一、為挑起美俄大戰，而自己得以脫身，二、為不用一兵一卒奪取台灣，不勞而獲。」

同時又在「上星期反省錄」寫下：「梅遇寒冬愈顯堅，霜欺雪壓不低頭」來自勉，日記上強調「面臨嚴重的關頭，頗有前後無路可走之感，此時此地只有求生存而待變，凶中吉雖少，但凶中仍有吉在矣。」

此時遠在華府的談判正陷入膠著，讓人在台北的蔣經國極度焦慮，不安的思緒都顯現在其日記上。

二月四日記：「自從中美發生變化之日起，責任重大，用盡了心力體力和智慧以考慮應考慮的大小諸事，已經是精疲力竭了，不過還得撐下去以盡我之職責。」

二月五日記：「昨夜服安眠藥過量，早晨久不起身，頭昏不適，自知已到非戒安眠藥不可的時候，否則健康情形就會一天不如一天，記憶力在衰退中，精神上的壓力一天要比一天重。」

二月六日記：「疲倦非常，思慮不清，早晨九時始起身，此乃不正常之現象也，體力在衰退中，可憂。傍晚夫妻車遊基隆，一無興趣。」

二月九日記：「一週來健康不佳，走路無力，每天體溫亦較平時為高，此病大多來自心理病，蓋由於辦理中美外交所引起之憂鬱而生也，希望不要長此下去。」

二月十三日記：「處理中美外交事務，至感苦痛。」

這段期間對美談判之所以讓蔣經國「至感苦痛」，是因為美方堅持未來雙方為非官方關係，為此台灣必須設立北美事務協調委員會，在美大使館降為駐美辦事處，作為雙方未來的聯繫窗口。二月十四日蔣日記記載：「此乃奇恥大辱，不知何時雪。」這個決定讓他心意不寧，數夜未睡，二月十六日日記記載：「宣布對美新關係的決策之後，只恐有錯，於心不安，反省再三，坐立不安。不過自問已盡我之心力，至於結果則難料矣。」而在「本星期預定工作項目」則記載：「決定此時設立非外交機構與美交往，是否適當議論不一，是非將由歷史作證。經反省再三，不論今後之結果如何，我至少已經做到心安理得。每當遭遇內政外交經濟諸多難以處理之際，就會想到父親不在之苦，向何人領教？又有何人真心教之、導之？希望上蒼給我清醒之頭腦，不致發生錯誤則幸甚矣。」

此事讓蔣經國坐立不安，除了擔心「做錯決定，誤國誤民」之外；遠在紐約的蔣夫人宋美齡及孔令侃不時下指令，也讓他備感壓力。宋美齡原是國民政府對美外交主導者，雖於一九七五年蔣介石逝世後不久即赴美定居，仍隨時關注台美關係，孔令侃則是她的代表。蔣經國深知宋美齡的關切，因此早在一九七八年底美國通知即將斷交時，即隨時以函電多次向繼母報告最新情勢。

十二月十六日凌晨三時，蔣經國剛見過美國大使安克志後，即函電宋美齡：「頃美大使前來通知，美匪定於明年一月一日建交，另情續報。兒經國跪稟。」

十二月十八日，又電宋美齡：「……前電計已呈閱美匪關係一事，業於今（十八）日已召開三中全會，會中一致贊同常會決定及緊急處分令。連日以來雖國難當頭，幸民心士氣昂揚可用，並咸佑作理性的抗爭。敬叩福安兒經國跪稟。」

十二月十九日，再電宋美齡：「鑑於美匪關係既成事實，必將有大批匪類赴美，勢將嚴重影響大人之行動與安全，兒經一夜不眠之深思極慮，特馳電請示不知大人健康情形是否能考慮回國，並候賜示，兒經國跪叩福安。」

一九七九年一月一日，美國與中華民國斷交，正式與中華人民共和國建交。一月五日，蔣經國函電宋美齡：「頃奉大人除夕電諭，美國今後之下場一定弄巧成拙，稍隔時日必將產生極大之反作用。大人在國家重大關鍵時刻必有適當措施，此兒之所深知者，並深信我國家之前程必將重獲光明。敬請福安，兒經國跪稟。」

為了表達對蔣夫人的尊重，他還在一月中旬農曆春節前指派兒子蔣孝勇赴美，向祖母請安、送信。一週後蔣孝勇回國，向他報告任務達成，蔣經國很高興，一月二十五日記：「此兒已漸成熟矣，可慰。」隔天又補記：「勇兒自美回來說，美國和台獨計劃於今年五月間將我刺死，十二月之前迫我政府與匪談判。」但未詳細說明消息來源。

二月十日，蔣經國接到宋美齡函電，電文中稱：「《紐約時報》二月九日報導……，我方已自動在華府開始籌備協會，接受美方強求之請，閱後驚訝不已。……幸此問題尚在全參會開會時，承可否決之。……現在此間情緒友我者及非友我者，因其他因素均在不同程度下，傾向於我為挽救誤會，負責商討者應公開引咎向政府提出辭呈，以謝國人。如此彼等即復成民族英雄，免有人嗤笑彼輩為曹汝霖、章宗祥之流。……可預測者即是形成台獨國內借題發揮之暴動騷擾，繼之造成之禍害美方推卸責任，托詞謂大陸用武力統一者已非中華民國而是台灣國也。美對伊朗之保障乃前車之鑒。余向來對銖細末事均可採取或容納中外及各方意欲，惟對中華民國之存亡大關鍵無可圓融，志不可奪，即其欲逐余離去亦由之，且引以為革命者之殊榮。母。」

這封函電責備之嚴厲、用語之赤裸裸，堪稱前所未見，也把蔣經國與宋美齡之間勉強維持的禮貌關係給撕掉了。函電說的正是讓蔣經國為之忐忑不已的、接受美方要求成立北美事務協調委員會、大使館降為辦事處等問題，宋美齡認為這是攸關中華民國存亡的大事，無可通融，且要求負責談判的楊西崑辭職以謝國人，否則將成為今之曹汝霖、章宗祥，這等於是不點名地罵蔣經國是賣國賊了！

蔣經國接到函電後，心情惡劣可想而知，二月十四日日記記載：「歲寒心更寒。『紐約』意氣用事，來電責備對於中美談判不當。對於此事之處理至感苦痛，但是我不得不以良知為主，國家利益為重，而不可奉迎為之，個人之榮辱不足計也。」

二月二十四日記：「中美交涉至今，所受壓力之重可謂為生平所從來未有者，一方面為求國家生存發展，一方面為維護政府與民間利益，不得不往返折衝，而匪方挾其不可抗拒之氣燄相要脅，以我目前脆弱之交涉地位，實乃忍受。至於想運用國會來改變卡特之根本態度，乃為不可能之事。所以不得不面對現實而作一決定，以免夜長夢多。」

二月二十五日又記：「紐約來電對於政府處理中美關係之不滿加以責備，用詞甚嚴，初讀之甚為激動，竟夜未眠。次日自問心安理得，一切只好聽之於天矣！今日又有國內反對分子之搗亂，處理不易，我心苦矣。」

二月二十六日記：「不愉快之事接二連三的發生，其中有出於意外者，亦有來自家人者，影響心情，體力亦有日趨衰弱之感，長此以往不知如何了，只有忍耐一途。生來就是一條苦命。」

接著是二月「反省錄」記載：「此時乃鬥志而不可鬥氣，大丈夫能屈能伸，作打落牙齒和血吞之準備。此時對外在求得一較無損於立場與實質之解決，對內則求軍民與政府一心，海外與國內一德，此一雙重責任不為不重，心當殫智竭慮悉力以赴。美方袒匪抑我，已為一時無可改變之局勢，此時不得不下定決心以維護不絕如縷之實質問題。」又記：「今日所得之決議，非我之所願見者，但此為委曲而非屈服，然如不忍受此一時委曲，則勢必面臨根本決裂。勞心焦思、寢食不安，總期盡到應盡之職責，至於成敗得失，原非可以逆料。為顧及國家利益，不惜忍辱負重，爭取時間，以期敵消我長。余將照此意志，雖死不辭，奮鬥不懈下去。」

美台雙方經過來來回回的談判，終於確定了未來的關係定位。據當時以駐美大使館一等秘書隨楊西崑與美交涉的前外交部長程建人說，斷交後，大使館名稱改為北美事務協調委員會駐美代表處，雖是無可奈何，但在美國當時提供的選項中，「這個名稱可說是最好的」。另外，駐美國館處的數量也從十四、十五個減到剩八個。

無論如何，這兩個月的談判對後來的台美關係發展極為重要，楊西崑除了與國務院談判，也積極接觸美國國會，尋求對台美關係的支持，並在美國台灣人社團的協助奔走下，促成美國國會通過台灣關係法，建立台美關係的架構。若沒有當時的談判、沒有台灣關係法，「台美關係可以說是無從繼續了」。事實證明，楊西崑不但不是賣國賊，還為國家立了大功，這些蔣經國都看在眼裡，三月三日記：「楊西崑次長此次留美二月辦理對美交涉，任勞任怨，經歷了一次很大的考驗，對他亦有了多一層的認識。」

艱苦的對美談判終於結束，蔣經國總算可以鬆一口氣，三月一日記：「二月份過去了，以往兩個月是憂患重重的時間，睡眠不佳，胃口亦差，為國事與民利而擔心也，面臨的苦難似無結了之日。」三月十二日日記又寫道：「對美外交告一段落後，將多花工夫在軍事上面，國防究竟是最為重要，精神、訓練、組織、裝備，必須注重。」

雖然與美國的談判結束了，但斷交這件事仍然像個無法癒合的傷口，隨時讓蔣經國感到痛楚。四月十一日日記記載：「卡特簽署台灣法案，今天應訂為雪恥日。」四月底的本月大事記：「美軍已完全撤離，一切都要靠自己。」並提到「數月來常在夢中見父親，每次從夢中醒來，感念殊深，而再不能眠矣。」

五月一日美國大使安克志向蔣經國辭行，日記記載：「請他轉告其政府，今後美國如果需要使用台灣的海空基地，中華民國政府將會同意，為今後之對美關係留一餘地也。」隔天他又在「本星期工作項目」寫著：「中美談判中由於自己處於劣勢，不得不採取與白宮（國務院）不致決裂同時加強對美國國會聯繫之策略，有人認為只要運用國會而不必理睬行政部門，不在其位者安知當政者之苦，站在旁邊說風涼話是多麼容易。無論別人怎麼說，我不能以國家命運作賭注。」

是的，「不能以國家命運做賭注！」正是基於這樣的信念，讓蔣經國在與美斷交後的談判中，寧可忍受一時之委曲，也要避免根本之決裂，儘管為此飽受責難，仍然堅持下去。這樣的信念還可以從他處理對俄國關係上看出來。

蔣經國年輕時曾經留俄，對俄羅斯是有感情的，還娶了一位俄國太太。此外，蔣在俄十二年歷經共產體制的洗禮，許多人認為蔣在贛南搞運動，在台灣掌控情治、以及仿效共青團成立救國團，都可以看到俄國經驗對他的影響。

翻查蔣經國日記，關於俄國的記載並不多見，較早看到的一則是一九四二年一月十一日，日記中寫著：「阿法白海是我在蘇聯時的一位知友，他年輕聰明有文學之天才、組織之特長，曾擔任重要職位，又因蘇聯內政部長為其姊夫，因此他可隨意做事無人阻礙。後來內政部長因過而撤職，即有人出面攻擊阿法白海，一時之英雄而變成為落水狗，人人罵之攻之，而正直之人此時亦不敢出來代其主持公道。當時我不怕威脅出而代其說話，即受嚴重之打擊。最後阿君被當局以反動之罪名處以死刑，此事乃為終身不能忘者，並時時以此警惕自己。」

除此之外，一九七八年九月二日日記記載：「俄帝真理報著文評論蔣經國和鄧小平同為討好美國出賣中國之人物，彼此鉤心鬥角以媚美帝。讀之，置之一笑。但是俄帝在此時做以上之評論，其用意究竟何在，值得探討。」

九月九日又記：「有一美國記者從台北發出一電訊說，我妻常常回俄省親，台北方面亦時常招待妻之親友，此一無中生有之謠言，使余氣憤，經詳細考慮之後，對此類事，還是置之不理為妥。」

當時國民黨內開始出現聯俄制美的聲音，蔣對此極為反對，十月六日日記記載：「黨內竟有人懷疑我反共外交之正確性，而主張聯俄且要求兩個德國之模式，不是無知或存有苟且偷安的念頭，便是被人利用來破壞我內部之陣容。今日背棄國家的基本利益來談政治，那是非常危險的。」

不僅國內有人倡議「聯俄制美」，蔣的美國友人亦有持此主張者，一九七九年十一月四日記：「高華德竟有意勸我親俄以壓美，此人大錯矣，置之不理為上策。」高華德是美國共和黨聯邦參議員，被視為是美國保守主義的主要代表人物，長期支持反共的中華民國蔣氏政權。但即使是這樣一位兩代知交給的建議，蔣經國仍然不為所動。說明在面對國家命運的大問題上，蔣經國不但頭腦清楚、絕不意氣用事，而且完全拋除個人情感好惡，不為勢劫、不受誘惑，是真正的中華民國捍衛者。

排山倒海美麗島事件

發生在一九七九年十二月十日的高雄美麗島事件，是台灣自二二八事件後規模最大的一場警民衝突事件，對台灣的政局發展產生重大影響。美麗島事件後陸續又發生林宅血案、陳文成命案、江南命案，國民黨不斷遭受國際壓力以及黨外勢力的挑戰，終於在一九八七年解除長達三十八年的戒嚴令。毫無疑問，美麗島事件是台灣走向民主化的分水嶺。作為當時的領導人，蔣經國在事發前後，究竟如何看待事件的發展？

翻查蔣經國日記可以發現，在美麗島事件前一年，由於年底即將舉行選舉，加上美國斷交傳聞不斷，內外情勢皆已十分緊繃，一九七八年十二月十日蔣經國日記記載：「競選活動已經開始，反動派來勢洶洶，處此時境千萬不可衝動，必須作原則性之容忍。此並非向敵人示弱，而是有所待也，有所獲也。大陸匪區內鬥日益擴大，本應集中精力應付此一大變局，惜內部又多事，苦哉！」

又記：「共匪和美帝分別策動支持國內的流氓反動分子，利用今年的選舉機會，發動運動企圖推翻我政府，手段陰險惡毒，來勢洶洶，政府之內外處境又如此之複雜微妙，輕不得又重不得。總之，為了台胞的幸福和國家的利益，還是需要作更大的忍受。」

十二月十一日記：「面臨大難。為黨國甚憂，寢食不安。反動派存心亡國害民，而又有外力相助，詭計多端；匪區之政治發展情況，反而加深了對我處理內部問題之不利，而美國又在拆我後台，惡劣的形勢緊迫而來，似有非採取強壓手段不得其定。但是此路不通亦不可走，從政者自感無愧於心，而行仁政者不可以鎮壓作為方法。今天是我考驗忍耐和堅強的時候。」

從這幾則日記可以看出：一、他以反動派看待黨外運動，並稱黨外受到共匪和美帝的策動支持，反映當時「三合一敵人」論調，仍是一黨獨裁的思維。二、如何處理黨外運動讓他陷入兩難，一方面情勢似已到了非採強壓手段不可，但外有美國施壓，輕不得也重不得。三、中共因素發揮微妙影響，日記提到「匪區之政治發展情況，反而加深了對我處理問題之不利。」所謂「匪區之政治發展情況」，應是指一九七八年十一月十日到十二月十五日中共召開十一屆三中全會，決定改革開放一事，當時蔣經國已察覺兩岸競爭即將進入新的階段，這也讓他對於以強硬手段鎮壓黨外有所忌憚，擔憂失去海內外民心，以及美國的支持。

一九七九年一月一日美國與中華民國斷交，蔣經國在忙於處理斷交後台美關係之時，仍關注黨外人士的動向。一月二十三日日記記載：「反動頭目余登發父子因為通匪由警備總部拘捕法辦，明知此案必將引起政治後果，果不出所料，一群反動分子企圖集眾抗議，妥做處理後暫告平息，問題則仍在。」此事起因於一九七八年八月，前高雄縣長余登發父子被政府指稱涉及「匪諜吳泰安事件」遭情治單位逮捕，罪名是「知匪不報」、「為匪宣傳」，並求處有期徒刑八年，引發黨外人士反彈，隔年一月二十二日集體前往余登發故鄉高雄縣橋頭鄉聲援抗議，要求釋放余登發父子。這是台灣戒嚴三十年來第一次的公開政治示威活動，又稱「橋頭事件」。

蔣日記中說「問題則仍在」，實情確實如此。這次示威行動吸引了各地的黨外青年參與，匯成一股有組織力的洪流，已隱然有了政黨的雛形。蔣似乎也看出苗頭，五月一日又記：「對外交涉無多大困難，處理內政頗為不易。廿幾個小政客和流氓可以造成令人至感困擾的社會逆流和政治暗流，處理之手段必須平衡其輕重，如何得民心乃是治理之要道。」

幾天後他分別約見當時的國防部副部長鄭為元，新聞局長宋楚瑜，「談國內反動分子活動情形。」六月二十五日日記提到：「少數反動分子在高雄要求提早選舉。」可見問題並沒有消失。橋頭事件後，參與聲援遊行的桃園縣長許信良被監察院彈劾，移送司法案公務員懲戒委員會休職二年。六月二十九日蔣日記也記載了：「處理許信良叛國案。」

許信良被停職激怒了黨外人士，決定採取一致的譴責與對抗行動，簽署「黨外人士為許信良休職案告海外同胞書」，顯示問題不但沒有消弭，對立之勢還更加尖銳。一九七九年八月十日，中華民國駐紐約協調處發生爆炸案，引起蔣的注意，當天日記寫下：「我駐美代表處被炸。」同一天，陳婉真前往紐約北美事務協調委員會辦事處靜坐絕食抗議，接著各地傳出示威遊行及爆炸事件。九月三日蔣日記記載：「上月下旬，我在紐約、華盛頓三辦事處皆被台獨分子放置炸彈，繼之有陳婦婉真在紐約辦事處前舉行飢餓抗議，這一連串事件都是台獨在美帝掩護下之謀害我國家之惡毒行為，應以審慎沉著以應之，不可上敵人之圈套。國家之處境可謂危矣。」

當時除了海外的示威抗議，島內的情勢也十分緊繃。九月八日，《美麗島》雜誌社在台北中泰賓館舉行創刊酒會，以《疾風》雜誌社人員為首的群眾在館外聚眾抗議，並向館內正在進行酒會的人投擲石塊、電池等危險物品。九月九日蔣日記記載：「八日下午陰謀分子又企圖在中泰賓館搗亂示威，幸治安單位處理得當，得以平息。這些行動乃是共匪借刀殺人之計，除內賊要比排外難得多。我需要忍耐。內內外外的惡勢力一步一步向我們緊迫，有非置我於死地之勢，除了振作自強，別無他路。」

九月二十三日又記：「國賊企圖作亂鬼（詭）計百出，他們之所以敢如此大膽，乃是因為有美國政府作後盾也。美國與我為敵，痛恨至極，但是為了國家的利益，又不得不敷衍。處理國是之難，即在於此也，輕不得亦重不得也。」蔣再度提到「輕不得也重不得」，反映他面對黨外挑戰的兩難處境，十一月二十三日日記記載：「有心有餘而力不足之感。月來政敵緊迫而來，一天比一天緊，似有非把我置之於死地不可之勢，精神重擔一天重一天，有時壓得抬不起頭來。環境越是艱難，我越應寬我之心沉著以應之，面對強敵之時，我應發揮高度的潛力來克服。」

又記：「因為談心的人不多，所以常感寂寞，這是精神上的苦痛。每天晚下班的前一、二小時，各方面集中到我辦公桌的公文多是不利的壞消息，所以天天帶著煩惱回到家。第二天早晨在我辦公桌上所放的情報和參考資料，亦多是壞的，所以可以說是一天煩到晚，夜間則靠安眠藥物入眠，這就是我的日常生活。」而在當月反省錄則記下：「不肖子孫背逆國家能以毀國為快，可悲亦可痛，結局難料也。只有憑良心而為之矣。最近一、二月之內以情勢而論，似有大事發生，處理事變應以周詳嚴密沉著為要。人心多異，世局危難，應以寬心處之。今日黑白不分，指黑為白，指白為黑，且有人信之。」

從日記上看，這段時間蔣的壓力可說沉重無比，只因每天早晚看到的都是壞消息，到了必須靠安眠藥才能入眠。值得注意的是，日記中提到「最近一、二月之內似有大事發生」，提醒自己要以「周詳嚴密沉著來處理事變」，果然不到三個月後高雄美麗島事件就發生了。這到底是他夜晚睡不著時的揣想，還是情報單位告訴他什麼訊息，讓他有此預感？

進入十二月，黨外與政府的對抗完全沒有緩和跡象，十二月七日蔣日記記載：「國內的陰謀分子以美帝和共匪為背景，以各種惡毒的方法來打擊我，這是一場危險的鬥爭，過去以本黨作為打擊的對象，現在則轉向我個人和政府，過去是打下不打上，現在則是打上不打下了，國內反動分子之所作所為，都是共匪的那一套，共產黨的一套鬥爭方式，可以肯定他們的背後定有匪諜在有計劃的作控制，這是不得不注意的。」這是他從九月預感即將有「大事發生」之後，對整個內外情勢最直接的研判，此刻已是山雨欲來風滿樓！

三天後的十二月十日正是世界人權日，以美麗島雜誌社成員為核心的黨外人士，在高雄進行遊行演講，訴求民主與自由，終結黨禁和戒嚴。期間有不明人士混入群眾中朝演講者投擲雞蛋進行挑釁。外圍的鎮暴部隊則將群眾團團圍住，並往裡面釋放催淚瓦斯，以及照射強力探照燈，逐步縮小包圍圈，終至引爆警民衝突。隔天國民黨召開四中全會，蔣日記中寫下：「昨夜高雄發生暴動。」

十二月十八日到二十二日，蔣日記針對高雄事件記載：「反動派所謂美麗島暴徒在高雄暴動，企圖火燒高雄，當時情況非常嚴重。情勢平靜後，我即下令將全部禍首拘捕，暫作處理。一網打盡之後，再做斬草除根之事，為黨國利益不得不下此決心。」

又記：「今後國內之患重於來自國外，自本月份起，每週五將由我親自主持安全會談一次，如此或可督促安全工作之加強。敵我之間已至短兵相接之時，必須注重鎮暴之組織、技術以及工具等。對內不可用兵，只可用憲警。孔令晟此人不可再用。今後掌握憲警重於正規部隊也，政戰學校應另設一班。」十二月二十五日記：「由於共匪採取內應外合之惡毒政策，高雄暴動乃是強烈信號，從此一定多事。我決定國家之安全工作由我自己親自加以督導（組織、訓練、巷戰、工作），以力還力，才有力以擋之。」

解讀以上日記可以看出，蔣視黨外的抗議示威為中共背後操縱內應外合，屬於敵我之間的矛盾，不能再以人民內部矛盾來看待，並稱敵我之間已到了短兵相接之時，從此一定多事，因此考慮在政戰學校設立專班，培訓鎮暴人員。同時他很不滿當時的警政署長孔令晟在此事件上的表現，直言此人不可再用，決定親自督導國家安全工作，每週五親自主持召開國家安全會議，種種思維與反應，彷彿當年隱身在總統府資料室的情治頭子又回來了！

此時已近歲末，蔣回顧這一年，日記寫到：「一年已過，中美之斷交，共匪之統一和謠，國際油價暴漲，不法分子之不斷發起暴行，以至高雄暴亂，這是多麼痛苦的一年，有深思之必要。」十二月二十七日他主持軍事會談，檢討高雄事件發生之經過。十二月三十日記：「近月來內憂外患交迫，而且內政甚於外者，在政治方面，我總是想以理與德而感化之，根本不記仇懷恨以待人，但是結果無不失敗。人性為何如此不如人意也！」這是蔣的感慨，也是一個獨裁者面臨民主挑戰下的徬徨迷惑。

由於蔣經國日記只寫到一九七九年底，關於美麗島事件的後續發展，包括逮捕施明德、軍法公開審判、乃至於民進黨組黨等，已無法從日記回溯了解他的想法。但從一九七八到七九年日記上，仍足以窺知蔣經國面臨內外壓力時的種種反應。簡單說，事發當時蔣經國的思維仍停留在敵我鬥爭層面，以反動的中共同路人而非民主運動者來看待黨外人士，這對於評價他在一九八〇年代後期的諸多重要決策，仍提供重要參考。

美麗島事件是台灣社會從封閉走向開放的一次歷史事件，對台灣社會在政治、文化上都產生劇烈影響。政治上的改變最為明顯，美麗島案的被害人以及辯論律師，後來都成為民主進步黨的核心成員。其次在社會上，整個台灣歷經白色恐怖被壓抑沉默了三十年，因為美麗島事件及隨後一連串的事件，開始有了表達的勇氣，展現追求民主自由的社會生命力，從沉悶單一逐漸走向多元化、自由化。美麗島案也讓黨外人士更加團結，並獲得更多台灣人民的支持。因此一九八六年九月二十八日在台灣還未解嚴的情況下，黨外就不怕鎮壓地成立了民主進步黨。

神祕核武發展

擁有核武對台灣來說，已經是一個過去式的議題；自一九八八年張憲義被美方策反叛逃後，台灣已經不可能再發展核武。美方禁絕台灣發展核武，主要是擔心一旦兩岸都擁有核武，可能出現區域性核武競賽，影響美國的國家利益。但其實早在一九七〇年代後期美國就曾突擊檢查台灣中山科學院，發現台灣正在祕密發展核武，於是施壓蔣經國要求必須停止核武發展計劃。此事過去少見披露，筆者發現蔣經國日記一九七八年有所記載，當時蔣和美國大使談得很火爆，雙方不歡而散。為此蔣經國還遷怒於侍衛長，把他痛罵一頓。

之後蔣經國決定向美方讓步，承諾研究核能限於和平用途，並同意接受美方查核。不過，這顯然是在欺騙美方，否則就不會有十年後的張憲義事件。二〇一六年張憲義接受中研院研究員陳儀深訪談時透露，台灣為了規避美方查核，曾另外建立一個系統來發展核武，今年三月剛過世的郝柏村則是核心人物。當然，背後還是得有蔣經國的支持才行。

先來回顧台灣發展核武的經過。一九五三年底美國總統艾森豪在聯合國公開發表《原子能和平用途》演說，其中提到了分享核能技術的主張，蔣介石受此鼓舞，決定以和平用途為名，研發核武。一九五六年一月，清華大學在行政院的規劃下於新竹復校，第一年就創設「原子科學研究所」，陸續聘任國際知名物理學家吳大猷、以及放射和核子研究專家孫觀漢等學者來台任教。同時，清華大學以實驗為名，向美國奇異公司購買了一座實驗用原子反應爐，軍方也開始派人報考清華大學原子科學研究所。

除了積極培養人才，蔣介石也暗中尋求外援。一九六三年，蔣介石邀請以色列核彈之父伯格曼祕訪台灣。伯格曼到台灣後，建議蔣不要單獨發展核武，而應當核能、核能電廠、核武器、飛彈四項並舉。蔣介石十分贊同，責成時任國防部副部長的蔣經國進行籌劃。依照伯格曼的建議，台灣的核子研究同時布局在核武和民生用電。但大陸研發核武的速度更快，一九六三年十月十六日，大陸在新疆羅布泊成功試爆了第一枚原子彈，成為第五個擁有製作核武器能力的國家，對台威脅也大大提升，大受刺激的蔣介石開始約見台灣核能專家，探討核武發展。

一九六五年，蔣介石下令組建隸屬國防部的中山科學研究院，以及直屬行政院編制交由中山科學研究院管理的核能研究所。一九六八年，蔣介石再次下令以清華大學為核心，推動「新竹計劃」，準備全力發展核武。但因吳大猷等學者的反對，為了安撫這些學者，防止消息泄露，軍方只好另起爐灶。加上一九六八年，聯合國通過《不擴散核武條約》，交由國際原子能總署嚴格監控各國，並禁止核武器買賣和製造。導致「新竹計劃」剛一起步就夭折。蔣介石仍不死心，下令軍方啟動「桃園計劃」，由中正理工學院畢業生為主的軍人擔綱實施，張憲義就是在這時候開始參與核武計劃研究。

一九六九年七月，中山科學研究院正式運作，下轄核能所、火箭所、電子所和化學所。核能所向加拿大購買了一座四萬千瓦的重水式原子爐和鈾燃料棒，使中山科學研究院具備了產製核燃料的能力。這一時期，中山科學研究院的研發核武行動如火如荼，火箭研究所展開自製飛彈研究的「雄風計劃」，核能研究所也以科學研究為名，行提煉核彈原料鈽239之實。

一九七二年和一九七四年，台灣先後兩次從南非各進口五十噸的鈾礦，由於數量龐大，引起美國懷疑。一九七六年底，由美國主導的國際原子能總署派人突擊檢查中山科學研究院，發現核燃料棒數量短缺，還意外發現台灣祕密建造可以提煉鈽239的一間熱反應室。儘管多年來蔣氏父子始終否認，但此次證據確鑿。美國於是透過政治、經貿和外交施壓。一九七八年，中山科學研究院核能所的熱反應室被迫關閉。

一九七八年九月十五蔣經國日記記載：「近來美國竟阻止我發展已有成就之雷射研究，思之再三衡量輕重，決定忍痛接受美方之強求。國內外處境如此艱困，不得不以忍辱負重和委曲求全的負責精神以處之。」日記所稱的「雷射研究」應當就是指核能研究，此前在九月九日美國大使求見蔣經國，要求停止核能之研究發展，兩人談話過程在九月十九日日記記載如下：「此事本已無理蠻橫，而該大使又是拖泥帶水說個不停，使我氣憤之情無法壓制，不耐之意形之於外，並責美方自欺欺人，匆匆結束談話，雙方不歡而散。」

蔣與美國大使談得不歡而散，日記中說「此種情形之出現，乃是將近卅年來和美方談判以來的第一次。」不僅如此，九月十一日他接見日本議員訪問團，惱怒的情緒仍沒有消散，日記中記載：「看見這些人就深感厭惡，但在談話中盡力自我壓制，以顧『大體』。但是由於氣憤在心，遂指日本根本是在推動落井下石的小人政治，恐怕發大火所以草草結束說話。」九月十一日的日記還記載他為了不滿警衛方面之種種措施，一早在辦公室痛罵侍衛長，「怒氣之盛為數十年來所少有，事後思之，甚為後悔，因有失統帥之尊嚴也。」可見他對發展核武之事有多重視，被美方阻撓讓他氣憤萬分，甚至遷怒於日本客人及自己的部屬。

美國人的鴨霸不只這一樁，當時台灣為了獲得飛巴黎航權，有意向法購買民航機作為交換，美國波音公司於是遊說美國政府向蔣施壓：「法國可以給你們航權，美國亦有權撤銷你們的航權。」十月十五日蔣在日記記下：「帝國主義之盛氣相威脅，吾人無時不在受美帝的氣，不知將忍至何時？」

蔣經國對美國氣歸氣，台灣畢竟還要依靠美國，十月二十四日日記記下：「決定接受美國派專家會同研究核能和平用途，以及放棄向法國購買民航機之議，此乃對美之讓步，如此另有所求也。」所謂「另有所求」，可能是指與美國的邦交問題，當時美國與中共的建交談判進展快速，蔣經國或許也考慮到這一點，不得不有所妥協。

不過蔣經國並沒有因此放棄發展核武的夢想。為了規避美方檢查，台灣開始轉向和擁有鈾礦自由的南非合作。一九八〇年代，南非不僅成為台灣取得鈾235的重要來源，甚至傳出台灣暗中把電腦模擬的研究結果帶到地廣人稀的南非進行實地測試。此外，台灣也持續研發飛彈，此事從一九七八年底就已開始，十一月二十一日的日記中記載：「核定發展飛彈生產計劃」。

一九八一年中科院陸續提出製造防禦型戰鬥機的「鷹揚計劃」以及研發飛彈的「天弓計劃」、「天馬計劃」。其中天馬飛彈屬於中程彈道飛彈，不僅射程超過一千公里，還可以攜帶核彈頭。但一九八八年一月，中山科學研究院核能所副所長張憲義帶著台灣核武和飛彈機密文件叛逃美國，使得台灣違反聯合國不擴散核武條約的證據確鑿，最終不得不停止核武研發。幾天後，蔣經國就過世了。

張憲義叛逃美國後，經過一段時間的神隱，一九九〇年起在美國政府轄下的愛達荷州國家實驗室擔任工程師及科學家，直到二〇一三年退休。二〇一六年他接受中研院研究員陳儀深口述歷史訪談，提到美方所以出手制止台灣的核武計劃，首先是因台灣的核能發展已經碰觸到美國的紅線，即有能力在三到六個月內製造出可使用的核武器。除此之外，美國還考量到蔣經國的健康問題。當時蔣經國已經病危，眼見大限將至，美國很擔心一旦蔣經國逝世，李登輝可能控制不了郝柏村。他們評估郝柏村的政治企圖心旺盛，在重要問題上很可能採取不合作的態度。美國不希望看到後蔣經國時代出現軍事強人，因此才會趁蔣經國還在的時候掀開問題，藉此拉下郝柏村。

但張憲義叛逃發生後，並沒有任何人員受到懲處，包括郝柏村在內。這除了蔣經國幾天後就逝世，台灣政壇出現一段空窗混亂期外，也和美方考慮到當時台灣能夠有效掌控核武研發組織的人仍是郝柏村，需要他協助處理台灣接下來的政軍局勢，讓郝留在位置上，借重他的權威，可以好好地穩住台灣的政局與軍心。郝柏村似乎也察覺到美方的意圖，當年丁大衛訪問台灣時，郝柏村曾指示中科院院長葉昌桐針對張憲義的事情要以低調、淡化的方式處理，將對台美關係的衝擊減至最低。另在一九八九年六月左右，葉昌桐、許歷農代表郝柏村訪美，和 CIA 與軍事相關人員會談時，他們表示已發生的張憲義事件就讓它過去吧（Let bygones be bygones.），並建議繼續加強台美之間軍事情報交流的管道。

郝柏村雖然刻意淡化張憲義叛逃事件，內心則難掩痛心、憤慨與難過。二〇〇七年出版的《教戰記》，記載一九八八年七月二日他主持中正理工學院應屆畢業典禮的講話。當時張憲義叛逃已有六、七個月之久，郝柏村當著中正理工學院全校師生的面前，大罵這位出身中正理工的校友，「出賣自己、出賣國家、是一個唯利是圖受僱於外國人的間諜，一個出賣祖國的無恥漢奸！」

對於叛逃的指控，張憲義在訪談中則說：「我不曾背叛蔣經國的政策宣示，我也沒有背叛台灣百姓的福利，唯一與背叛扯得上關係的是，我背叛了郝柏村，減弱他在軍方或政治圈的影響力，讓他的氣燄被壓了下來。」事實證明，郝柏村的實權確實因為這件事而一落千丈，後來升任國防部長又擔任行政院院長，但真正的軍權卻受到很大的衝擊。張憲義認為這應是李登輝和美國所達成的協議，他們採取「明升暗降」的方法，平順地拔除郝柏村的軍權。若郝柏村繼續控制軍權，變成所謂的軍事強人，就會凌駕於李登輝之上，李登輝不希望看到這種局面，美國也是。

附記：根據林孝庭《台海冷戰蔣介石——1949-1988解密檔案中消失的台灣史》一書，蔣介石決心研發核武，與一九六四年秋天中共核試爆成功所帶給台灣的巨大衝擊，有密切關連。實際上，在一九六〇年代冷戰高峰時期，華府並不排斥協助台灣發展自身的核武防務機制，其在台灣台南部署攜帶核彈頭的屠牛士飛彈，以及提供資金與技術協助台灣完成全亞洲第一座輕水核子反應裝置等，皆是明顯例證。一九六〇年代台灣初步向外尋求核武研發技術的對象，除了較為人所知悉的以色列以外，尚有西德、法國、比利時與加拿大等歐美國家，這些國家的核能單位與民間公司等，都曾經在不同名目之下，以商業或者民間用途為由，提供台灣相關技術與設備。美國政府此刻的態度，也在「暗助」與「明助」之間徘徊，未有定論，反倒是當時台灣內部有一股反對發展核武的強烈聲浪，導致蔣介石於一九六〇年代晚期一度擱置核武研發計劃。一九六九年尼克森上任後，決心改變美國對華政策並努力打開與中共交往之門，國際與外交情勢對台灣轉為不利，是促成國民黨政府決心加速研發核武能力之關鍵因素。台灣欲發展核武以增加自身籌碼，然而華府卻因為急於與北京發展關係，竭盡所能阻撓台灣任何研發核武之可能性。一九七九年中、美關係正常化之前的幾年裡，台灣祕密發展核武的意圖，一直是台、美雙方藕斷絲連關係裡最受爭議，卻也最不為世人所了解的外交議題。

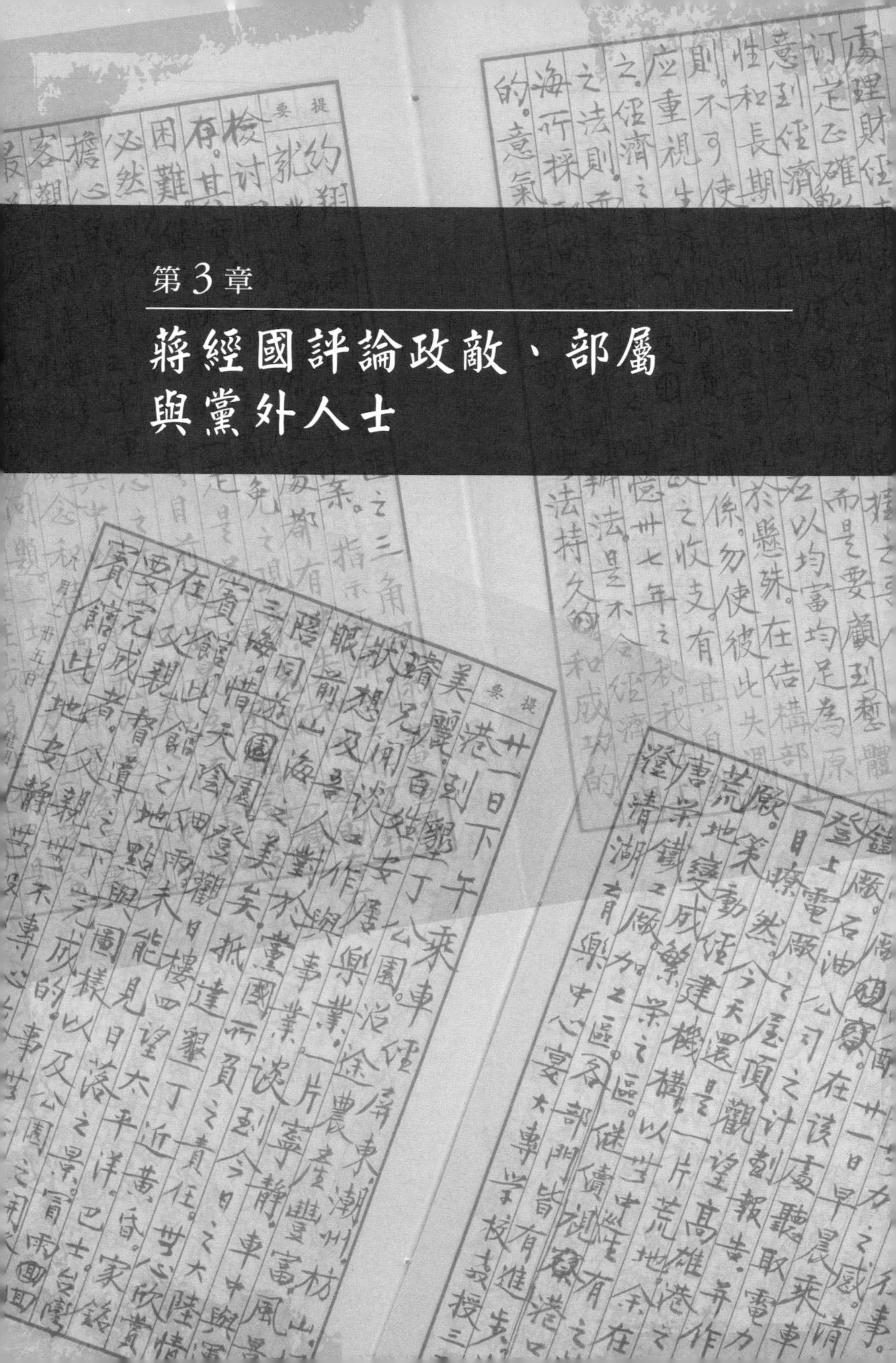

第3章

蔣經國評論政敵、部屬與黨外人士

蔣經國是個性格複雜的人，喜歡接觸群眾，在民間形象很親切，屬下卻覺得他恩威難測，因他不讓人輕易掌握心思。在他一九七七年十二月十七日日記有這麼一段記載：「有人說，一般人對我的印象分為三個階段，第一是畏懼，第二是敬畏，第三是仁慈。……其實不論別人如何想法和看法，蔣經國還是蔣經國。」另在一九七八年二月三日的日記也提到：「朋友和幹部肯向我直言而說真心話者，少之又少，幾乎可說是沒有，一切都靠自己的良知去猜，這是多麼危險。凡事順我而言者，非善類也，而敢逆我而言者乃是良友。必須近君子而遠小人。」

為何選擇李登輝而非林洋港當副總統？

關於蔣經國的用人之道，坊間有許多研究與討論，其中一個最讓大家議論不止的問題是：蔣經國當年為何選擇李登輝而不是林洋港擔任副總統？

畢竟林洋港是當時最炙手可熱的台籍政治菁英，而且每個重要職位都走在李登輝前面，包括台北市長、台灣省主席，都是林走李接，政壇上因此有「望洋興歎」之說。但一九八四年第七屆總統、副總統選舉時，蔣經國提名當時的台灣省主席李登輝為副總統，而非時任內政部長的林洋港，兩人的政壇追逐之路就此轉向。

蔣經國為何捨林而取李，關於這個問題，前行政院長李煥生前曾說，蔣經國所以沒有選擇林洋港，主要有四個因素：

一、林洋港省主席期間，將農田水利會總幹事由官派改為民選，此一影響基層農民勢力關鍵職位從此不受政府制約，蔣經國大表不悅。

二、林洋港省主席期間，未充分溝通就把新竹市與嘉義市升格為省轄市，改變很多財政分配造成官場紛擾不和，閣揆孫運璿要求收回卻被以辭職威脅，給蔣留下難以駕馭且做事缺乏政通人和的印象。

三、林洋港內政部長期間，未謹言慎行，在立委面前承諾三個月內改善治安做到鐵窗消失，成了社會名言結果未達到，造成政府威信受損，給蔣留下此人辦事說話不穩重的判斷。

四、林洋港出身南投世家，家族成員龐大複雜，林洋港自己曾當選民選的南投縣長，他的弟弟林源朗也在他之後當選南投縣長。如果林洋港更上一層樓做了副總統，甚至將來還有機會升任總統，難免整個林氏家族雞犬升天，形成政治特權，是蔣經國極不願見的局面。李登輝的家族則十分單純，唯一的兒子李憲文在李登輝擔任省主席時，已因病早逝，唯一的哥哥，更早已在二次大戰期間，死於太平洋戰場。

李煥畢竟長年追隨蔣經國，十分理解蔣對人的好惡。但其實早在一九七八年林洋港剛擔任台灣省主席不久，蔣經國對林洋港的評價就十分有保留。一九七八年六月二十七日蔣日記記載：「林洋港之為人，逐漸可以發現其好名善變，不可不防。」當時林洋港剛從台北市長調升台灣省主席（六月十二日），一般認為應是蔣經國極為器重的人，蔣卻在那時就指林「好名善變」，並提醒自己「不可不防」，十分出人意料。

接著在七月二十九日的「本星期預定工作課目」，蔣又記下：「林洋港初任省主席。由其言行可以發現，此人沽名釣譽，好大喜功，不但難成大事，恐將害事，密切加以注意。」至於是什麼事情讓蔣經國對林洋港留下「沽名釣譽、好大喜功」的不良印象，日記中並未敘及。不過戒嚴時代權力來源繫乎強人一念之間，坊間傳聞林洋港於省主席任內訪日受高規格接待，因此事「功高震主」而受猜疑，許信良甚至以「帝相暴露」形容。或許有些誇大，但也說明在威權統治年代，阿港伯雖然憑藉幽默風趣贏得媒體好感，卻可能適得其反地犯了當權者的大忌。

到了八月十二日，蔣經國在日記記載：「林洋港有才能，但是在品德方面不夠正直，在緊要關頭恐怕把握不住，應深加注意，時加考核。」至此，蔣經國對林洋港可說已經定了性，政治之路很難再往上攀升了。一九八四年六月一日，就在李登輝當選副總統不久之後，林洋港就從內政部長明升暗降為行政院副院長。

至於李登輝，他的從政之路是從一九七二年入閣擔任政務委員才開始，此前他只是一位在台大任教的農業專家，並在農復會擔任技正。一九七〇年，聯合國開發總署東亞支部邀請他到曼谷主講農業經濟問題時，政府因為他政治上「觀察中」的原因，沒有允許他出境。所謂「政治上」的原因，是指李登輝曾經是台共成員的背景。一九六八年六月，李登輝自康乃爾留學回國，要到農復會工作前，就因為大學時參與的讀書會與共產黨有關，以及在海外曾會見台獨運動人士，被警備總部約談，第一次約談的時間長達十七個小時，之後又持續了一個禮拜才結束。後來是得到沈宗瀚、李煥的推薦，李登輝這才進入政界，擔任政務委員，成為當時最年輕的閣員，年方四十九歲。

翻查蔣經國日記（止於一九七九年底），有關李登輝的記載並不多，但相較於蔣對林洋港的疑慮與防備，他對李登輝則是欣賞有加。從一九七二年李登輝入閣擔任政務委員，到一九七九年李登輝還在台北市長任上，蔣經國日記中與李登輝有關的記載如下：

一九七二年五月三十一日，蔣在日記中寫下新內閣名單時提及李登輝的名字，六月二日他寫道：「接見新任政務委員，談得很投機，為一優秀之科學人才。」一九七八年四月九日記：「行政院人事難做最後決定，初步擬以運璿為行政院長，繼正為經濟部長，登輝為省府主席。」

一九七九年三月十三日記：「約台北市李市長查詢市政，並作數項指示。（醫療、交通秩序、自來水、公共交通工具等）。李市長有工作熱情，又有新的科學觀念，可以培植的一位人才。」

一九七九年四月二十八日記：「中午在三芝李登輝家鄉餐聚。」

一九七九年五月八日：「上月廿八日約了幾位朋友，在三芝鄉一所古廟中聚餐，由李市長作主，吃的是台灣家鄉菜，談笑甚樂。」

一九七九年九月二十四日記：「由於台北氣氛之煩悶，人事之困擾，於上週四晚間約昌煥、登輝從基隆出海，先至東、西莒，經南竿、東引返航，兩天海上行，身心至感愉快，實為難得之時日。」

由於蔣經國日記只寫到一九七九年底為止，外界無法從日記中察知一九八四年初蔣經國提名李登輝為副總統的心歷路程。不過當年在給國民大會的提名書中，蔣經國寫到李登輝時，曾有「少時即痛心邦國為日人侵凌，富有民族意識」等文字。隔天二月十六日蔣經國還函電宋美齡：「李登輝同志各方反應亦深以為得人」。

李登輝和蔣經國青年時代都曾是懷抱理想的共產黨員，都熟讀社會主義理論著作，經歷過共產黨的組織生活，背景相似。李的學歷高，而且能力強、為人聰明又謹慎，深得蔣經國賞識和歡心，將李安置身邊，多方提攜教導。二〇一九年日本產經新聞刊載的《李登輝秘錄》中提及，李登輝有本現在仍珍藏著的記事本，記錄一九八四年至一九八八年他在副總統時期與蔣經國一五六次的個別對話。他比喻自己像是畢業於「六年制的蔣經國學校」，從蔣身上學到許多關於政治的事，並多次感受到蔣經國的厲害之處。其中之一就是，蔣經國在擔任行政院長期間，裁判了自己親戚擔任人事行政局局長的貪汙，宣判十五年以上的刑期。「如果是他的父親蔣介石，應該是無法做到這一點的。」

李登輝以蔣經國學生自居，一九八八年一月蔣經國逝世後，李登輝繼位擔任總統及國民黨主席十二年，任內表現褒貶互見。不少人認為蔣經國根本看錯了人。他評價李登輝是「一位可培植的人才」，結果李登輝把國民黨搞得四分五裂，只剩下一口氣；他讚許李登輝「富有民族意識」，並深慶得人，李登輝權力穩固後把中華民國帶向台灣化，影響直到今天。但另一方面，台灣的民主轉型也是在李登輝任上完成的。究竟蔣經國選擇李登輝是對是錯，只有留待歷史檢視了。

陳誠與陳履安父子——一道難解的習題

在蔣經國從政過程中，陳誠、陳履安父子是他一道難解的習題，前者曾是他的接班障礙，必欲排除，後者則在他掌權後大膽啟用，最後卻以失望收場。日記中出現不少批評陳誠父子的記載，從中可以看出蔣經國對待「政敵」的複雜心態。

一九四九年蔣介石來到台灣，因韓戰爆發、美國協防，好不容易穩住腳跟後，許多黨政軍元老陸續被冷凍落馬，陳誠是一個特例，他的忠誠與能幹受到蔣的信任和倚重。陳誠擔任台灣省主席和行政院長期間，做了幾件頗具開創性的大事，如實行「三七五減租」、改革幣制及實施地方自治等，為台灣的經濟社會發展奠定了良好基礎。因此，陳誠在台灣民間有很好的口碑。其後他又兩度出任國民黨副主席及副總統，在黨政軍的實力和民間聲望，可說極有資格成為蔣介石的繼承者，就連蔣介石本人也常說：「中正不可一日無辭修。」

然而，蔣介石早有傳位於兒子蔣經國之意，遷台之初就讓蔣經國在黨、政、軍各重要部門歷練，培植勢力。與此同時，蔣介石也利用各種機會，為蔣經國接班掃除障礙，先後逼走陳立夫，驅逐吳國楨，囚禁孫立人，到最後只剩陳誠這道障礙。但陳誠畢竟不是陳立夫、吳國楨、孫立人，他主持台灣事務成效顯著，對台灣穩定與發展做出了重要貢獻。儘管陳誠不敢居功自傲，也不可能挑戰蔣介石的地位，但對蔣經國卻完全以長輩自居，在很多方面與小蔣為難。

例如蔣經國仿效蘇共共青團成立救國團，陳誠堅決表示反對，但蔣介石沒有聽取陳誠的意見，仍堅決支持蔣經國發展「救國團」的勢力。蔣經國任「國防部總政治部」主任後，透過政工系統加大控制軍隊，對陳誠的勢力也產生了衝擊。對此，陳誠除予抵制，並對蔣經國往往「得理不饒人」。而蔣經國也自恃「太子」之尊，心中對陳誠頗為輕蔑；陳誠則個性強硬，面對蔣經國這「後生晚輩」自也不甘示弱，兩人衝突時起。

蔣經國日記一九五五年一月四日記載：「中央、新生兩報為了陳誠的新年講話，做了好幾篇社論來捧場，這實在是政治的一種暗中惡流，實非國家之福也。」所謂「暗中惡流」應是懷疑陳誠有取老蔣以代之的企圖，讓蔣經國感到不安。

一九五七年五月七日又記：「昨日在中常會聽陳誠講話，充滿虛偽傲慢做作並且囉唆，實忍無可忍，幾乎想站起來即席離場，但是後來還是忍耐下去聽完他的講話。一夜未安睡，早起後感覺頭痛。」

讓小蔣頭疼的還不只如此，那個月二十四日爆發劉自然事件，美方認定是蔣經國在背後唆使，五月三十一日蔣經國日記記載：「不幸事件發生之後，政敵們即借此造謠攻擊，將一切責任推在我的身上，企圖把我描寫成為國家的罪人。陳誠竟公開的對文亞說『這都是蔣經國幹的好事！』陳對其他人亦曾做同樣的說法，余對此並不感奇怪亦不去憤慨，不過由此可以證明陳誠之卑鄙和虛偽，余心裡明白就好。」當天日記同時記有「訪倪文亞」，顯示應是倪文亞當面告的密，反映國民黨內派系傾軋之複雜。

日記上還說：「陳誠於廿三日夜間要各報寫社論反對美方對於雷諾之判決，這是廿四日事件之導火線。余本隱惡原則未對任何人道及此事，日久見人心，一切自會有澄清之一日，余何憂哉。」兩人交惡情況，由此可見一斑。

為了協調陳誠、蔣經國兩人的關係，蔣介石曾召見兩人語重心長地表示：「你們都是我們革命的同志，更是我最親近的兩人。如今我們退守台灣，已經十年有餘，河山尚未光復，同胞猶在倒懸，你們兩人若還區分彼此，明爭暗鬥，那我們黨國還有什麼希望呢？」蔣介石的調解，雖然使陳誠與蔣經國不敢明爭，但暗鬥依然不止。

一九五八年行政院改組。陳誠希望由他自兼院長，黃少谷出任副院長。因兩年後就是總統換屆之時，蔣介石已連任兩屆，按憲法規定，不可再連任，自然會將總統之位讓於陳誠。為此，陳誠還拜託王世杰以長輩的身分告誡蔣經國不要太急，等他幹完一屆後，再由他接任。王世杰又將此事託付給了與蔣介石關係甚好的黃少谷。

黃少谷對蔣經國說：「辭修對你父親百依百順，又是與你父親共事最久的黨國重臣，你應該尊重他，不要與他爭高低。你的治國才能，朝野欽佩，將來擔大任，舉國皆服。他幹一屆後，自然會把位子讓給你，由你來幹，你現在不必急。」蔣介石知道此事後，在國民黨中常會上痛罵黃少谷，並對陳誠大為不滿。他在日記中說：「辭修手段言行風度毫無改正，令人灰心。而黃少谷之自私，政客作風，其心不可問。」

後來陳誠雖得以副總統兼任行政院長，但又為了教育部長人選與蔣介石槓上。蔣主張由張其昀續任，陳誠堅決反對，認為教育部長必須德高望重，希望由曾任北大校長的梅貽琦出任。對此，蔣介石非常生氣。在日記中說：「辭修政治上的缺點，就是他不察邪正，好聽小人細言。」

次日，蔣介石又在日記中記載：「與經兒談曉峰（註：張其昀）事。晚約曉峰來談其調職問題，余雖知其受北大派攻擊而遭辭修之無情打擊，亦明知此為胡適等反黨分子對黨的重大勝利。孰知行政院長改組未露消息以前，此事早為胡適所悉，並以此預對曉峰示威，望其早自預備下台，此實為余所萬不料及者。可知，辭修不僅不分敵我，已失黨性，而其不守機密至此，殊為可嘆。」此時蔣介石對陳誠的不滿，已上升到政治高度，認為陳「不分敵我，已失黨性」。

事情並沒有就此結束。蔣介石在七月十日的日記中再次寫道：「近日行政院改組中所發現心理上之影響：甲、辭修說話不實而取巧，令人懷疑，對其有不誠之感。乙、黃少谷只想做官，把持政務，而不顧大體。丙、張曉峰之書生態度，恩怨得失之心太重，亦令人對學者難處之感，但此實辭修不誠有以致之。」時隔一日，蔣介石對陳誠的偏見再次升級。更糟的是，對於蔣介石的態度，陳誠似乎沒有絲毫察覺，他甚至在行政院副院長的人選上繼續與蔣介石對著幹，堅持要由黃少谷擔任副院長，蔣介石明示、暗示他屬意的人選是王雲五，陳誠就是不為所動，老蔣簡直氣炸了。後來王雲五雖如願當上副院長，但蔣、陳的關係已經變質。

一九六〇年蔣介石兩任總統任期屆滿，依照憲法必須讓賢。然而，蔣介石極想再度連任，卻遭到外界反對，《自由中國》先後刊登文章，明確表示「反對蔣介石三任總統」，胡適也公開反對蔣介石修憲與參選第三屆總統。對於胡適的勸告，蔣介石不僅聽不進去，還在日記中罵胡：「與辭修談話，彼以胡適要我即作不連任聲明。余謂其以何資格言此？若無我黨與政府在台行使職權，則不知彼將在何處流亡矣。胡適無恥，要求與我二人密談選舉總統問題，殊為可笑。此人最不自知，故亦最不自量，必欲以其不知政治而又反對革命之學者身分，滿心想來操縱革命政治，危險極矣。彼之所以欲我不再任總統之用意，完全在此，更非真有愛於辭修也。因之，余乃不能不下決心，而更不能辭也。」至此，陳誠繼任「總統」的希望徹底破滅。

雖然蔣介石再次提名陳誠兼任行政院長，但陳誠已是心灰意冷，並以身體不適為由向蔣介石請辭。然而，蔣介石只准其請假，不准辭職。直至一九六三年國民黨九全大會後，蔣介石才決心改組行政院，由嚴家淦繼任行政院長。一九六五年三月五日，陳誠在台北抑鬱而終，享壽六十八歲。

陳誠死後葬在台北縣泰山鄉，一九七五年三月八日蔣經國日記記載：「週三祭陳故副總統十週年忌日。」此時的蔣經國已是實權的領導人，再無人可以威脅他的接班，與陳誠的過往恩怨跟著消散。

不僅如此，蔣經國還想對陳誠有所補償，那就是重用他的兒子陳履安，但陳履安的表現卻讓他很失望。一九七九年三月十日記載：「數年來想培植陳履安，此次派他為組工會主任，豈知驕傲自大，對於政治似有很深的成見，又用錯人了！」在「上星期反省錄」欄目又記：「黨務積重難返，人事尾大不掉，大多幹部自私自利，只想從黨的身上得到些什麼，而根本無意奉獻，如此將何以革新？又如何使一般民眾對於我們的黨心服？」

過了半年，九月十五日日記記載：「履安工作經驗不足能力差，沒有多大關係，只怕存有政治成見而不能消。用人不當往往反成包袱。」十月二十七日又記：「陳履安有才幹而無德，為人處事傲慢，乃非我所始料及者，進退兩難。用新人應慎思於始。」

「用錯了」陳履安顯然讓蔣經國十分苦惱，十月三十一日記：「十七日深夜為陳履安而大失所望，此人驕傲自大，幼稚又目中無人，從人事問題可能變成政治問題。」

十一月四日記：「用錯了陳履安使我進退兩難，我待之以善意，彼則以惡相還，如何不令人寒心？」終其一生，蔣經國終究無法完成陳誠、陳履安父子給他的習題！

蔣經國評論黨內人士：孫運璿、王昇、谷正綱、周宏濤、閻振興、邱創煥、王新衡、任顯群

一、真誠可信的孫運璿

前行政院長孫運璿曾被視為是蔣經國接班人之一，他在六年閣揆任內表現卓著，個人政治聲望與勤政愛民形象十分突出，因此一九八四年初第七屆總統、副總統即將選舉前，台北政壇盛傳孫運璿極可能是下屆副總統人選，據吳建國《破局》一書透露，孫本人也已做好接任副總統的心理準備。但二月五日蔣經國特別約見孫運璿，除了感謝他過去六年的辛勞外，同時告訴他：「未來六年又要辛苦你了。」孫運璿從這句話知道自己

與副總統無緣。

當然，即使當時未當上副總統，也不表示孫運璿完全沒有可能在蔣經國之後接班。只是造化弄人，一九八四年二月二十四日清晨，孫運璿突然中風病倒，從此退出政壇。四年後蔣經國逝世，由副總統李登輝繼任，台灣政治自此進入一個全新的局面，有人慶幸、有人惋惜。

歷史無法重來，不過回看當年蔣經國日記，他又是怎麼看孫運璿這個人呢？話說一九七八年一月七日，中國國民黨第十一屆二中全會第三次大會召開，決議推薦行政院長蔣經國為第六任中華民國總統候選人，二月三日蔣經國在日記記載：「一週來為考慮未來行政院之人事，深以為苦。可任院長人選之考慮者為：一文亞、二國華、三運璿、四國鼎。以上四員各有其長短之處，同時除才能外，還要注意到用人之環境，一般人事而言，則一動不如一靜。」可知當時擔任經濟部長的孫運璿只是蔣經國考慮的院長人選之一，排序還在倪文亞（時任立法院長）之後。

三月二十一日國民大會選舉通過蔣經國和謝東閔當選正副總統，四月九日蔣日記記載：「行政院人事難做最後決定，初步擬以運璿為行政院長，繼正為經濟部長，登輝為台灣省主席。」五月二十日總統、副總統宣誓就任，這才正式提名孫運璿出任行政院長。

孫運璿上任後，與蔣經國的接觸與互動更加頻繁，蔣對他的了解與賞識日增。在一九七九年九月六日的日記中有一段記載：「上月三十一日約運璿與伯謀（按：當時的總統府秘書長馬紀壯）共作南部之行，一面可在非正式的氣氛中商談公務較為有效，同時可以增進彼此間在共同生活的個人情感。運璿為人真誠可信也。」「真誠可信」這四個字就是蔣經國對孫運璿的評價。

當然之後兩人經過六年的總統／院長相處，蔣對孫可謂信賴有加，一九八四年孫運璿不幸中風，蔣經國不但多次到醫院探視，還電請旅美心臟科權威余南庚兼程自美東飛回台北，一九七五年春天蔣介石瀕危時，也是請余南庚返台診病，可見蔣對孫的關切之情。余南庚主持醫療會議後當即決定開刀，雖然手術相當成功，但因腦中溢出的血塊已經壓死部分腦細胞組織，終究無法完全復原，相信這也是蔣經國的一大遺憾。

二、鋒頭過露的王昇

王昇是蔣經國的老部屬，贛南時期即已追隨蔣。一九七七年中壢事件發生，李煥下台，王昇權力擴大，有所謂「李換（煥）王升（昇）」之說。一九七九年王昇奉命主持「劉少康辦公室」，勢力伸入警總、國安局、調查局，權傾一時，「接班」之說開始傳出。後來蔣下令裁撤劉少康辦公室。相傳王昇曾對蔣說：「你不聽我的意見，我寧可辭官不幹！」蔣怒氣沖沖地對高魁元說：「你傳話給王化行，我蔣經國連共產黨都不怕了，還會怕他嗎？他要辭官不幹，就不幹好了，算啦！」

傳言有些誇張，不過蔣在一九七八年十月六日的日記上，確實記了一段與王昇有關的文字：「要煜辰（按：高魁元，時任國防部長）警告王昇不要多露鋒頭，亦不要過問非其所應管之事，我多年培養此人，實不願看到他自我之毀滅也。」又記：「情報調查機構、尤其是司調局濫用職權陷害無辜，借公濟私且仍有刑審之事，實在聽之後坐立不安，夜不成眠。」說明蔣對王昇還是愛護的，而蔣當時主要是對於權力過於集中的劉少康辦公室，出現濫權陷害無辜的事感到不安，要求王昇改正。

同一天日記的「上星期反省錄」欄目還記載：「黨內竟有人懷疑我反共外交之正確性，而主張聯俄且要求兩個德國之模式，不是無知或存有苟且偷安的念頭，便是被人利用來破壞我內部之陣容，今日背棄國家的基本利益來談政治，那是非常危險的。」根據吳建國在《破局》一書的描述，蔣經國第一任總統時期（一九七八～一九八四）是相當保守的，當時黨內出現「開明派」與「保守派」之爭，前者力主反共政策應當調整，黨禁、報禁必須開放，否則就得不到民心，後者則以國家安全為訴求，強調「安全第一、秩序第一，領導權威不容懷疑」等，蔣經國明顯是站在保守派這一邊，而保守派的代表人就是王昇，可知蔣、王兩人關係之密切。

不過後來「劉少康辦公室」做過了頭，居然想把軍中的莒光日思想教育推廣到國營事業及各大學，引起政府體系很大反彈，加上王昇應邀訪美時過度張揚，被國際媒體描述成蔣經國接班人。不久「劉少康辦公室」就被解散，接著王昇也被拔除總政治作戰部主任，先調為聯訓部主任，三個月後即外放派駐南美的巴拉圭，直到蔣經國逝世都無法回來。兩人四十年的師生情誼，就以這樣令人感慨的方式結束。

三、語無倫次的谷正綱

谷正綱素有「反共鐵人」的稱號，由於長年擔任「亞洲自由國家聯合反共聯盟」中國總會理事長，後來又出任世界人民反共聯盟主席，經常發表反共演講，一口貴州鄉音，加上時不時大聲揚起的口號，是許多人的記憶。谷正綱另一職位是國民大會秘書長兼憲政研討委員會秘書長、副主任委員。

一九七八年一月十五日蔣經國日記記載：「谷正綱年紀已經很大，國家和黨又遭遇如此艱危，他為了自己的名位，不惜爭得面紅耳赤，真是可氣又可嘆。」原來當時國民大會中有所謂的福利派和兩權派，谷正綱極力爭取設國民大會議長，由他擔任此一職位，讓蔣經國很不以為然。三月五日日記批評說：「這是政客爭權奪利的卑鄙型態。口口聲聲高喊革命而其目的在個人之名位耳，可悲。」又記：「觀人與人之間的權力之爭，可悲亦可痛，尤其谷正綱的為個人權力之爭得面紅耳赤，為之而厭。國之將亡，爭得個人地位有何用處？國內之政治日漸繁複而多難，雖有容忍之量，但亦有容忍之限。」

谷正綱晚年常常演講，一口貴州口音鬧出不少笑話，最著名的是他主持世盟大會時，以英語致歡迎詞說「世界反共聯盟」是一個「人民對人民 people to people」、而不是「政府對政府 government to government」的組織，結果很多人把他的英文聽成了「屁股對屁股」、「肛門對肛門」，流傳至今。這點連蔣經國都注意到了，一九七八年七月二十二日記：「谷正綱講話太多，而且往往語無倫次，大家皆厭之、惡之，而他自己則得意洋洋，可悲。」

不過蔣經國最在乎的還是谷氏胡攪蠻纏非要出任國大議長，九月十日日記記載：「年過八十亦有近九十者，並已有相當高的社會和政治地位，可是發覺他們的政治慾望、名利觀念，還是非常的熱衷和強烈，尤其念念不忘彼此間的恩恩怨怨，可歎人的本性真的無法改變耶！」

後來國民大會終於在一九九四年依憲法增修條文規定，從第三屆國大起設立議長和副議長，但谷正綱已經在前一年的年底過世，終究無法如願當上議長。

四、政商複雜的王新衡

一九七九年五月一日蔣經國日記記載：「今日失民心者，乃在於官吏之無能、腐化、貪汙，以及官商風氣之敗壞且有惡化之勢，此為我最擔憂者也。」又記：「最近葉翔之之子放高利貸捲款逃至國外一事，影響民心之大，可以把政府的政績一筆勾消，思之心痛亦愧對百姓和黨國。因為葉某是我所用的，我用了兩個敗類，一個是葉某，一個是陶一珊，而此二人皆為王新衡所介紹，我自己承認一時糊塗且有罪，用人應格外審慎，切記切記。」

這則日記提到的幾個名字需要補充說明：

葉翔之是蔣經國在情報界的得力助手，因偵破潛伏在參謀本部的匪諜吳石中將案，以及中共地下組織負責人蔡孝乾案，戰績彪炳而深獲兩蔣信任，曾官至國防部前情報局局長。他的兒子葉依仁捲入台灣第一起重大經濟犯罪——洋洋百貨倒閉案，捲款潛逃海外，葉翔之受此影響，從此被打入冷宮。

陶一珊是黃埔六期畢業，曾任台灣省警務處處長。他的兒子就是知名藝人陶大偉。

王新衡是蔣經國留俄的同學，與蔣經國關係很深，還是蔣孝武的義父。王新衡在台灣當過立法委員，後棄政從商，擔任亞洲水泥董事長、遠東紡織常務董事等職務。他與張學良、張群、張大千組成「三張一王」的「轉轉會」，輪流各家吃喝，曾是台北名人圈的一道特殊風景。

日記中提到葉翔之之子葉依仁捲款潛逃國外，「影響民心之大，可以把政府的政績一筆勾消」，足見蔣對政商勾結之痛惡，據說後來蔣經國發現葉翔之住豪邸，還裝潢得金璧輝煌，立刻就請他走人。

另外日記又提到：「此二人皆為王新衡所介紹」，頗有怪罪之意。但王畢竟是他一生的至交，兩家時相往來，蔣也只能「自己承認一時糊塗且有罪」，並提醒自己「用人應格外審慎，切記切記。」但後來蔣就不再讓王踏進家門一步。據說有一天王新衡到蔣經國寓所，蔣不開門，只在門後說：「兄在商，弟從政，道途不同，有所不宜。」從此直到蔣經國過世，王新衡再沒有踏入七海寓所一步。

五、自留餘步的閻振興

前台大校長閻振興，在蔣經國日記中留下「推卸責任、自留餘步」的評語，這是為什麼？

話說一九七一年中華民國即將退出聯合國之際，當時身為行政院副院長的蔣經國，很擔心此事恐引發校園學潮，十月十九日日記記載：「約閻振興談台大情況，他過於慌張而且怕負責任，講話很激動，但都在推卸責任，自留餘步，始料不及。台大易長可能是一個錯誤。」

閻振興是前一年才從清華大學校長調任台大校長，接替錢思亮的位置。到底是為了什麼事，讓蔣經國批評他「自留餘地、怕負責任」？日記中並未詳述。由於前一年才發生保釣運動，推測應是蔣詢問他台大師生情況，以及要求校方做好校園管控，閻振興的回答讓蔣很不滿意，才會說可能換錯校長了。

隔了幾天，蔣另約見了台大訓導長張德溥，了解台大學生活動之趨向，十月二十三日記：「目前所可注意者乃是少數偏激學生企圖煽動學潮，一不小心可能影響全局，來自香港之部分學生負有匪方之使命來台策劃學潮。」

蔣經國儘管對閻振興不滿意，倒沒有因此就把他換掉，閻振興一直做到一九八一年才卸任。在他任上發生台大哲學系事件，系內十多位自由派教職員被以「反共」之名整肅，閻振興在處理過程中，知道許多人是被陷害，但卻為滅學運而任由當時代理系主任整肅無辜的師生，對大學自主與學術尊嚴造成一大傷害。或許，那次和蔣經國見面吃過的排頭，對閻振興還是有影響的。

六、沒有出息的周宏濤

周宏濤是浙江奉化人，蔣介石的同鄉，與蔣也有姻親關係。一九四三年周進入侍從室，接替俞國華擔任蔣介石的秘書，一直做到一九五八年。這段期間正是蔣介石歷經事業起伏的高峰與谷底的時期，周深得蔣的信任，曾參與央行黃金運台工作。之後，周宏濤長期負責財政、主計工作。一九七〇年代，蔣介石日益衰老，蔣經國逐漸掌權，原本有意找周宏濤擔任財政部長，但遭宋美齡反對未成。

一九七八年六月五日蔣經國日記記載：「周宏濤因為沒有被任命為財政部長，在我約見他的時候竟哭不成聲，為之寒心。他並說：『今後奉化人抬不起頭來了！』如此沒有出息的人，將何以負重任。久年相處到今天，才發現周某之自私。想起三十八年他在高雄對我父親發怨言，以及逃職的情形，實非偶然，知人可謂難矣。」

究竟一九四九年時周在高雄對老蔣發過什麼怨言，以及為什麼逃職，日記中並未具體說明。蔣經國此後逐漸晉用自己培養的年輕人馬，周宏濤也漸漸淡出權力核心，二〇〇四年在台北逝世。

七、不知所云的邱創煥

邱創煥為蔣經國提拔的台籍菁英，早在一九七八年就當上內政部長，在台籍人物排名中曾領先林洋港與李登輝。後來他升任行政院副院長，因行政院長孫運璿中風，一度代理過院長。不過蔣經國對邱的評價並不高，一九七八年九月二日日記記載：「二十三日以最大之耐心，在中常會聽完了邱部長長達一小時餘的內政報告，什麼都說了，結果等於什麼都沒有說。一般高級官員缺乏新的科學知識，所以做起事來沒有頭緒和條理，亦無時間觀念，可慮。今後應重視高級人員之在職訓練。」

蔣經國對邱的評語，很接近一般人的印象。在威權體制中，為官者大多謹慎、恭順而缺乏想像力，邱並非特例。但這其實是蔣經國獨裁領導下的結果，只不過蔣對下屬的期望又更高些，才會批評「一般高級官員缺乏新的科學知識」，需要在職訓練。也因此，被蔣經國認為具有「科學精神」的李登輝，反而後來居上。

蔣經國逝世後，台灣進入李登輝時代。一九九〇年二月初，時任台灣省主席的邱創煥即將異動，盛傳他可能取代李煥接任行政院長。由於一句「關愛的眼神」被媒體渲染，之後邱創煥身價暴跌，從行政院長到國民黨秘書長都一直傳出消息而屢屢落空，直到一九九三年才當上考試院長。二〇一二年七月邱創煥發表新書《服務的人生》，揭露當年李登輝為了換掉省主席，耍弄他「就是要騙我一張辭呈」的過程，並稱對於自己擔任省主席時，沒把握機會參選總統一事，感到「後悔莫及」。

坦白說這恐怕是邱的自我感覺良好，因為民選政治人物需要熱情，或者至少要讓人民感受到熱情，否則很難獲得選民的支持。邱創煥是威權體制下的政治人物，康寧祥說他是典型的「無災無難到公卿」，這樣的人怎麼可能在民主時代選得上總統？

八、寫信要錢的吳國楨

一九七九年九月十六日的蔣經國日記記載：「吳國楨寫信給國華，要向政府借美金十六萬元，並有限期之主要含意，否則即將投匪。吳某本為多變之無恥叛逆，想不到會到如此地步，人之個性難改矣，決置之不理。」吳國楨曾是蔣介石的得力幹部，歷任漢口市長、重慶市長、上海市長、台灣省主席等要職，最後因為成了蔣經國接班的障礙，與兩蔣關係交惡，轉而赴美定居。日記所稱吳索要美金十六萬元，細節不詳，可作為雙方歷史恩怨之佐證。（參閱本書附錄「恩惠與決裂——吳國楨和兩蔣關係」）

蔣經國對吳的要求雖「決置之不理」，吳國楨對蔣的影響卻未就此結束。一九八四年六月吳國楨因心臟病在美逝世，消息傳回台灣，一些黨外雜誌藉機大作文章，筆名江南的旅美作家劉宜良準備撰寫《吳國楨傳》，但尚未動筆，便被情報局局長汪希苓授意竹聯幫的陳啟禮等人暗殺，人稱「江南案」。「江南案」引發海內外排山倒海的反彈，連美國都至表關切。後世評論者咸認，「江南之死，引起整個蔣家獨裁政權潰散的骨牌效應。」蔣經國晚年解除戒嚴、開放黨禁，江南案的發生有直接的關連與影響。

九、像惡魔般的任顯群

任顯群、蔣經國和顧正秋的三角戀愛，是許多人熟知的政壇軼聞。我在一九五四年十月二十二日的蔣經國日記中，發現這段記載：「鴻鈞先生來說任顯群又在外面招搖撞騙，企圖控制紙業公司。天下的壞人看了不少，但到如今還沒有看過比任顯群更壞的人，這簡直是一個魔鬼，是一個鬼。」蔣經國果然愛恨分明，把情敵都當成魔鬼了。但任顯群究竟是怎樣的一個人？

話說一九四九年十二月七日，國民政府遷台後，蔣介石為爭取美國援助，任命吳國楨為台灣省主席。吳國楨於是組織省府小內閣，任顯群被任命為省府委員兼財政廳廳長。他在財政廳長任內，最重要的政績是發明愛國獎券，大幅緩解了撤到台灣的六十萬軍隊的軍餉問題。

一九五一年，吳國楨在鬥爭下辭職，省政府改組，蔣介石指派俞鴻鈞繼任省主席，任顯群也跟著被撤換。就在他擔任財政廳長期間，發生了蔣經國、任顯群和顧正秋的三角戀愛。當時的蔣經國雖貴為太子，卻無法情場得意，顧正秋愛的人是任顯群不是他，日記中傳達的正是一位情場失敗者的忿恨。

後來任顯群被無端捲入匪諜案，一九五五年被以「包庇叛徒」罪遭判刑七年，關了五年才獲得保釋。一般認為，任是被蔣挾怨報復才會入獄。除了三角戀恩怨之外，也有一種說法指出，任顯群當財政廳長時曾卡過救國團經費，是種下禍根的主因之一。還有人猜測任顯群因受陳誠、陳儀、吳國楨三人重用，遂成了蔣必須剷除的鬥爭對象。

任顯群在一九七五年因肺癌逝世，享壽六十四歲；蔣經國則在一九八八年逝世，享壽七十九歲；顧正秋比較長壽，是在二〇一六年八月去世，享壽八十七歲。任顯群的子女從二〇一一年開始為父親討回名譽，二〇一六年蔡英文擔任總統後，依據「促進轉型正義條例」予以平反。

蔣經國評論黨外人士：陳菊、許信良、康寧祥、殷海光

一、讓蔣痛恨的陳菊

閱讀蔣經國日記，除了關注他對黨內人物的評論，蔣對黨外人士的批評同樣吸引我的注意。特別是在上世紀七〇年代，日記中時不時出現這類的記載，這當然和黨外運動的崛起有關。

其中，剛卸任總統府秘書長的陳菊，名字出現最為頻繁。從一九七八年六月到八月之間，蔣經國日記有以下記載：

六月二十八日記：「處理陳菊案」。

七月九日又記：「美國問我政府有關陳菊案所採取的蠻橫態度，令人痛恨，無可忍矣！美國人的做法既惡毒又愚蠢。」

七月十日再記：「陳菊案為一高度政治性之案件，處之以輕則將使國內反動分子益趨狂妄，處之以重則將引起美國之政治干涉，不論是輕是重，皆應以國家之利益為先，內奸外賊皆足以害我國也。」

七月十四日記：「為陳菊案，美國對我加以壓力和恐嚇，其行為之卑鄙下流令人痛恨，益增余深愛我中國之情操。國與國之間只有利益關係，不可稍存任何之幻想也。」

八月二十一日記：「美國大使竟在其使館接見我國之罪犯，行為之卑鄙可悲。美國私通國內反動分子並予支持行之多年，美國所做之事無不害人害己，不知我將忍至何時，嗚呼痛哉！」

陳菊十九歲從五專畢業後，由於父執輩的淵源，成為宜蘭省議員郭雨新的秘書。此後多年，一直幫郭聯絡全台灣的反國民黨人士。陳菊活動力很強，不只將老、中、青三代串連一起，當時黨外和海外人權團體的聯絡，雙方資訊的流通也是透過她。她同時是許多禁書的重要來源，等於是流動地下圖書館。即使郭雨新離開台灣流亡到美國後，陳菊仍然積極到處活動。

事發背景是，警備總部在一九七八年六月中旬搜索陳菊的住處，一週後在彰化天主教堂將她逮捕。這是自「自由中國」事件之後，台灣新一波民主運動中的第一個逮捕事件。根據當時警備總部的紀錄，警總搜索她住處是因為接獲密告，陳菊在自宅中排印《選舉萬歲》，同時收藏有雷震的反政府文件。陳菊被逮捕後數日，美國大使館向台灣政府查詢案情，七月六日陳菊被釋放。

據江春男在〈陳菊逃亡記〉一文憶述，陳菊被抓關那段時間，以老康為首的黨外人士到處奔走，國民黨秘書長張寶樹召集安全局長王永樹、警備總司令汪敬煦、國防部長高魁元、外交部長沈昌煥協商處理原則，國民黨知道這是燙手山芋，有人怪罪警總闖禍，大家忙著善後，決定軟性處理。首先請台籍將領陳守山出面與她談話，其次找陳菊同學的父親吳俊才，以長輩的身分，糾正她的錯誤觀念。國民黨會議不只決定釋放日期，舉辦記者會，安排她訪問各地建設，還要輔導她到軍事院校圖書館工作，月薪一萬元左右；釋放前要嚴正告訴她是保釋而非結案，隨時可再逮捕，並對其錯誤觀念應適時導正云云，這種處理方式學名可稱之為「軟性威權統治」。

陳菊被釋放之前，要她簽一份自白書。陳菊根本不知道她即將被放出來，她有心理準備這一簽起碼要關三、五年。她簽完後，警總立刻表示她可以出去了，並說她的父親已經在外面等她很久了。陳菊一走進會客室，陳父老淚縱橫馬上跪下來求她不要再搞政治。原來警總凌晨即到宜蘭三星把她父親帶來台北。這一幕，陳菊永遠忘不了，但她極少提及。

對照日記的記載，很明顯如果不是美國的介入，陳菊不可能被釋放。而美國的介入包括大使出面過問、在大使館約見陳菊等，則讓蔣經國深感痛惡，日記中甚至以「蠻橫」、「惡毒」、「愚蠢」、「卑鄙」、「下流」等不堪的字眼形容美國的做法。但當時美國與中華人民共和國的建交談判即將完成，台灣與美國的邦交岌岌可危，使得「陳菊案成為一高度政治性之案件」，對蔣經國來說十分棘手，「處之以輕則將使國內反動分子益趨狂妄」，「處之以重則將引起美國之政治干涉。」輕重之間該如何拿捏？難怪他會氣得在日記大罵老美以洩憤。

附記：本文五月二十六日於《蘋果日報》節錄刊出後，陳菊二十六日在臉書回應如下：

朋友告訴我，今天媒體報導蔣經國一九七九年的日記中，多次提到我的名字。當時我只是黨外的小妹，蔣經國筆下又痛恨又恐懼的不是我個人，而是黨外所追求的民主自由。

威權統治者打壓我們，說我們是反動分子，跟外國勢力勾結，現在聽起來很好笑。其實，民主自由是普世價值，國際友人仗義執言，我們應該心存感謝才對。

雷震先生曾經引用宋詩「萬山不許一溪奔，攔得溪聲日夜喧，到得前頭山腳盡，堂堂溪水出前村」來鼓舞我們，果然，不管如何打壓，也擋不住沛然莫之能禦的自由民主潮流啊。

二、愛將變叛徒的許信良

許信良曾是蔣經國積極培養的本省青年，一九七三年獲國民黨提名參選台灣省議員，並順利當選。但此後許信良與國民黨的政治分歧越來越大，一九七七年，許信良連續出版《風雨之聲》和《當仁不讓》兩書，進一步對中國國民黨提出嚴厲批評，引來黨內同志的撻伐。

一九七七年台灣五項地方公職選舉，國民黨提名調查局出身的歐憲瑜參選桃園縣長，許信良違紀參選被開除黨籍。投票當天爆發中壢事件（詳第二章），後來投票所全部重新計票，最後許信良以二十二萬票對十三萬票，高票當選桃園縣長。

一九七九年一月六日的蔣經國日記有以下記載：「中美斷交後，我對於如何與美方談判、中美間關係有關事宜，本已妥作安排，後來因為有暴徒混入學生遊行隊伍，毆打美國談判團後，使形勢從有利而反變不利，乃是一大不幸。而這些暴徒乃是反動派（許信良等）所雇用，而這些反動分子都是由美國特務所培養，我處境苦矣！」

日記講的是當時美國副國務卿克里斯多福率團來台，就台美斷交後進行談判時，發生群眾抗議事件，場面幾乎失控。從日記記載顯示，蔣認為群眾的抗議打壞了他的一盤棋，「使形勢從有利而反變不利」，但為什麼會怪罪到許信良頭上呢？原來抗議群眾都是從桃園過去的，前副總統呂秀蓮接受美國之音訪問時提到：「克里斯多福正式來談判，被一群憤怒的群眾包圍，後來知道都是從桃園來的，這些人斷交前一天晚上都還在聽我的演講，沒想到斷交果然發生，他們都非常地憤怒。」想來蔣經國是因為得知群眾都是從桃園去的，因此認定是許信良背後發動的，這也可以看出他對許信良從愛將變叛徒，內心的痛恨。

接著一月二十三日又記：「反動頭目余登發父子因為通匪由警備拘捕法辦，明知此案必將引起政治後果，果不出所料，一群反動分子企圖集眾抗議，妥做處理後暫告平息，問題則仍在。」日記中雖沒再提到許信良的名字，但證諸事後許信良因參與高雄橋頭事件，聲援余登發父子，而於四月二十日遭監察院彈劾，接著被公務員懲戒委員會處以休職兩年處分，應當也與蔣經國的態度有關。

附記：許信良回應：蔣經國不是惡意栽贓他，但領導者不應偏聽特務系統所言，因為特務會扭曲事實、瞞上欺下，領導者必須以此警惕、引以為鑑。許信良說，當時黨外人士對台美斷交感到非常難過，怎可能去鬧事？鬧事者應該是蔣頭號大將王昇所策動，因為斷交對於蔣經國是很大的侮辱和打擊，為討好才策動群眾鬧事。

三、是敵非友的康寧祥

康寧祥是台灣民主運動的重要人物，也是少數與蔣經國有過來往與交情的黨外人士之一。

據康寧祥回憶錄記載，一九七二年底他當選立委，一九七三年二月就職，四月十六日初試啼聲，針對違憲徵收的電話、電報臨時捐質詢行政院長蔣經國；十月再對省縣自治提出法制化，均未獲蔣經國回應。而在一九七五年質詢時，康寧祥首度將台灣抗日運動搬上國會殿堂。一九七五年康連任後，蔣經國曾數度邀請他到行政院辦公室茶敘，表示康寧祥質詢的台灣先民抗日運動史他聽都未聽過，聽得非常感動。

我在一九七五年四月六日的蔣經國日記上看到這段記載：「余在立法院提出總預算報告，康寧祥提出挑撥政府與人民、台籍與大陸籍同胞感情之質詢，用意惡毒，余以理直氣壯之態度答之，但由於激憤之情過盛，所以感到講話過於激動，有失一向保持的平和之道，事後頗為後悔，蓋小人之言，不必以如此之態度處之。」

就在前一天的深夜蔣介石病逝於士林官邸，日記寫有「兒痛不欲生」，在此特殊時刻，蔣經國仍不忘記下與康寧祥的答詢，顯示他對老康確實另眼相看。不過蔣雖然檢討自己答詢時過於激動，有失風度，事後感到後悔，卻又說康的質詢只是「小人之言」，犯不著為此生氣，可以看出至少在這個時期，蔣經國並沒有把康寧祥當作是諍友。

一九七七年地方選舉黨外頗有斬獲，受此鼓舞，黨外人士針對預定於一九七八年底舉行的中央民代選舉，成立「黨外助選團」。十二月五日「全國黨外候選人座談會」召開，康寧祥上台專題演講，大為轟動。然而黨外聲勢浩大，也引起國民黨注意。在王昇主導下，國民黨政軍特成立「安基專案」，動員國家機器對付黨外。

一九七八年四月十日蔣日記記載：「內憂者在於國內少數野心家和卑鄙的敗類如康、黃、張、林之類，被共匪所利用從事破壞搗亂和打擊，余決以沉著堅定而對之。政治是不講情面的，絕不可上當。」康是指康寧祥、黃是黃信介、張是張俊宏、林是林義雄，顯示至少在那個時期，蔣經國不僅沒把康寧祥當作諍友，恐怕還視之為三合一敵人。

四、視如寇讎的殷海光

殷海光是戒嚴時期的自由主義代表人物之一，也是被國民黨政權打壓的代表性學者。他曾加入中國國民黨，擔任《中央日報》主筆，因發表的社論觸怒當局，被迫離開《中央日報》，轉任台灣大學講師。一九四九年十一月加入《自由中國》雜誌，為主要編輯之一。他撰寫大量的政論文章，批判黨化教育、反攻大陸問題等時政。

一九五七年劉自然事件（詳本書第二章）發生後，蔣經國邀請大學教授到他長安東路寓所餐聚，殷海光也在受邀之列。蔣在五月日記中有如下記載：「邀各大學中若干對政府時加攻擊之教授在家餐聚，相談甚歡。文化界的人如能動之以情，再以最坦承之態向其解釋各項疑點，則不難說服之。」

又記：「其中有殷海光者，年紀最輕，但是把自己裝成老資格，陰陽怪氣拒人於千里之外，初次相會一見即知此為傲橫之徒。常讀殷某反政府之文字，並不知此為何許人，今得見其真面目，乃證明『惡言出於惡人之口』是正確的說法。」

再記：「近月國家多事之秋，外有兇惡之敵內有壞人作亂，令人憂慮異常。在歷史上凡亡國者皆未亡於敵人之手，而亡於本身之爭奪。此一歷史教訓，此時此地吾人應切記於心，不可一時或忘。」

一九六〇年《自由中國》被迫停刊，雷震入獄，殷海光大部分作品也成為禁書。此後，他不斷受到國民黨政府迫害，丟了教職，斷絕補助，生活起居也受到監視。他不堪身心雙重折磨，一九六九年病逝，享年僅四十九歲。

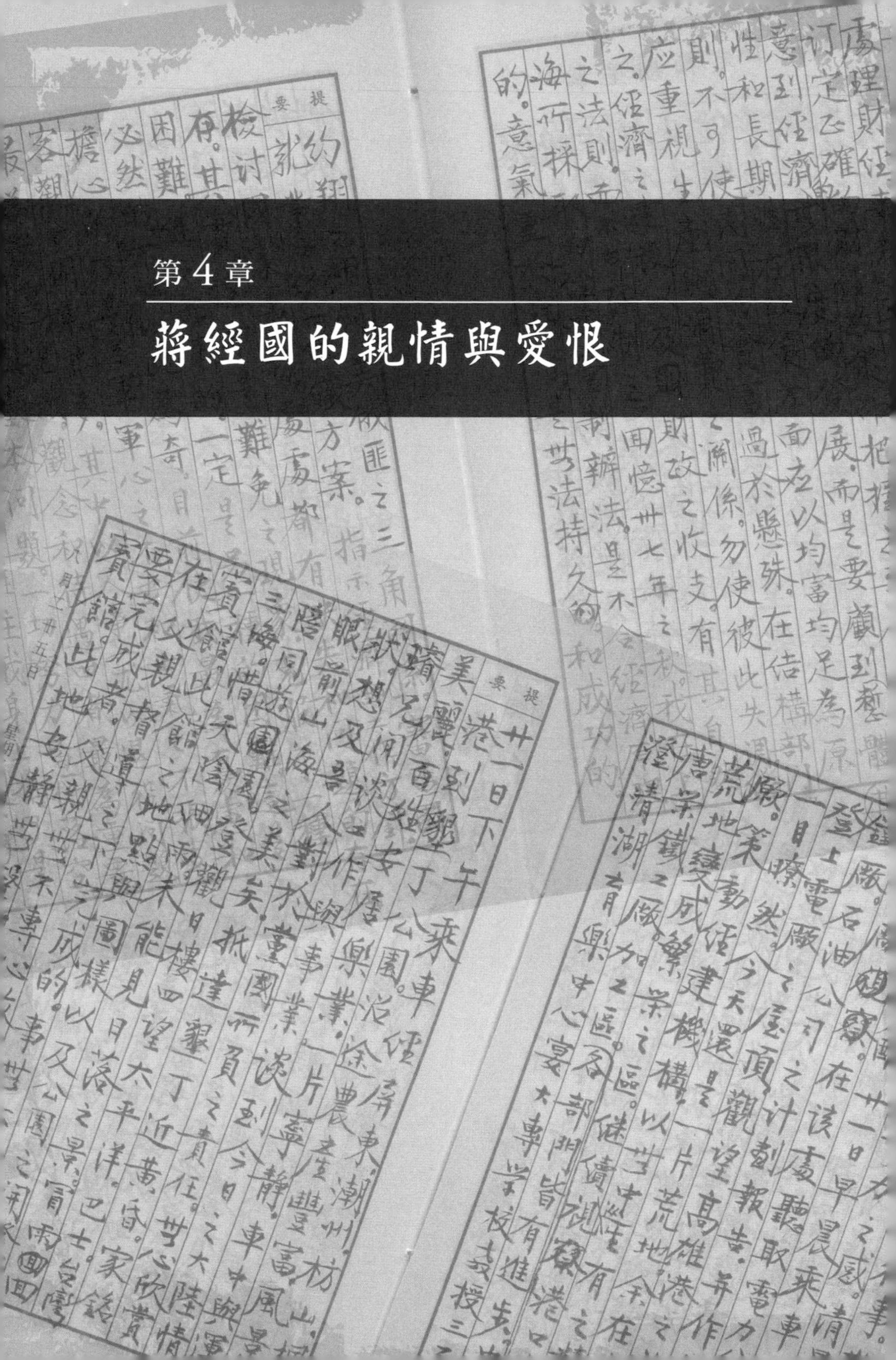

第 4 章

蔣經國的親情與愛恨

對父親的敬畏與崇拜

一九七五年四月五日，蔣介石在國內外局勢飄搖之際辭世，身為接班人與人子的蔣經國，隔年一月出版《守父靈一月記》，寫下了這段期間所思、所感。此書公認是理解蔣經國繼承大位後國政方針的重要著作，但由於是對外發行兼有安定民心的政治目的，較少觸及父子感情的描述。蔣經國年輕時曾在俄國公開批判蔣介石，對其母親被迫離婚也很抱不平，究竟他對父親的感情如何？從蔣經國日記中或可得出一些解答。

蔣經國出生後，主要由母親毛福梅撫養。當時蔣介石剛從日本振武士校畢業返國，在上海謀發展。由於聚少離多，父子感情不算親密。但蔣介石仍甚關心兒子的學業。一九一六年，蔣經國在奉化上小學，蔣介石特別聘請教過他的顧清廉先生教導蔣經國，也會寄書回家要蔣經國閱讀。

一九二四年，蔣經國考入上海市浦東中學，不久五卅慘案發生，蔣經國多次參加示威活動，被校方以「該生行為不檢」之罪名，開除了學籍。一九二五年六月，蔣經國告別上海去北京，進入吳稚暉主辦的「海外補習學校」學習俄語。不久，他又加入當地學生發動反對北洋軍閥政府示威遊行，被判處兩個星期監禁。那年暑假，他前往廣東探訪父親，蔣經國渴望參加國民革命軍，但蔣介石不同意，反送他回北京求學。蔣經國回到北京，因為邵力子介紹結識中國共產黨員李大釗，開始有前往莫斯科留學的想法。

一九二五年十月十九日，蔣經國從上海經海參崴轉往莫斯科，十一月底抵達莫斯科，進入中山大學就讀，取了俄語名字「尼古拉·維拉迪米洛維奇·伊利扎洛夫」。由於蔣經國信仰堅定，加上他又是蔣介石兒子，不久便被莫斯科中山大學黨支部吸收為共青團成員，後來又升為預備黨員。

一九二七年四月十二日，蔣介石成立南京國民政府，全面清黨，大規模逮捕、殺戮共產黨員，並取締蘇聯顧問，莫斯科中山大學群情嘩然，一致要求嚴懲蔣介石。蔣經國在大學集會上演講，譴責其父背叛革命，接著又在塔斯社發表公開聲明，斷絕與蔣介石父子關係。這年夏天，蘇聯當局遣送莫斯科中山大學部分中國學生回國，但史達林認為蔣經國是他手中的一顆棋子，將來和蔣介石重打交道時也許能派上用場，並沒有讓蔣經國回去。

一九三五年，蔣經國在蘇聯共產黨機關報《真理報》上三度發表文章批評蔣介石。一月二十二日發表的〈給母親的公開信〉，蔣經國稱：「昨天我是一個軍閥的兒子，今天我成了一個共產黨員。有人也許會覺得奇怪，但是我對共產主義的信念一點都不動搖。我有充分的自覺，對真正的革命理論成就有研究、有認識。」儘管蔣經國積極表態，但受國共鬥爭影響，一九三六年九月他被免去烏拉重機械助理廠長和當地《重工業日報》總編輯職務，同時也被撤銷黨員資格，不能參加黨內集會。失去黨權和謀生之道，令蔣經國極為沮喪，再度寫信給史達林要求回國。

一九三六年十二月十二日，震驚中外的西安事變發生，蔣介石被張學良扣押，迫於壓力同意國共合作，一致抗日。但蔣拒絕中共所提以蔣經國交換戰俘的談判，堅持「若要我犧牲國家利益，我寧可無後」的態度。西安事變發生後，史達林改變策略，先在十二月十七日讓蔣經國成為蘇聯共產黨的正式黨員，隔年二月，史達林終於允許蔣經國回去中國。回國前，蔣經國曾向史達林辭行，史以手槍相贈。離開莫斯科那天，共產國際主席迪米塔洛夫邀請蔣經國去他家。三月二十五日蔣經國帶著妻兒，離開了蘇聯，踏上回國旅程，結束他長達十二年旅蘇生涯。期間，雖然蔣經國身心受創，但已深深了解共產國際。

一九三七年四月，蔣經國一行抵達上海，得知父親已和宋美齡結婚，母親仍居溪口。蔣經國到達上海兩週以後，蔣介石才傳話見面，在杭州一座叫「澄廬」的湖濱別墅，與宋美齡一起會見闊別十多年的兒子。蔣介石對兒子在蘇聯長時間受共產主義薰陶很不放心，讓他和在溪口雪竇寺軟禁的張學良一起讀書，除了讀《曾文正家書》、《王陽明全集》等中國經典外，蔣介石特別叮囑要研讀國父孫中山先生遺教，並且練習寫字，然後便是回想過去。蔣介石並請原江蘇省民政廳長、著名法律人士徐道鄰幫助蔣經國讀書，讓他得以適應剛返回中國的生活，重新學習讀寫中文的能力。經過幾個月時間，他寫出一份《旅俄報告》呈給蔣介石。蔣經國也從這個時候，開始每天寫日記。

自此之後，蔣經國的工作與生活就與父親緊密連在一起，一九四九年到台灣之後，更在蔣介石的刻意培植下，逐步成為接班人。一九七五年四月五日蔣介石逝世，當年以國喪規格舉行的出殯典禮，現今五十～六十歲以上台灣人仍記憶猶新。以下抄錄當年三月底到四月底，蔣經國日記中有關蔣介石逝世的記載，從中可以看出蔣經國夾處在國事、家事的心境。

三月二十五日記：「父親之病仍無好轉之象，體溫未退、心跳加速，不多言語，決定邀余（南庚）大夫自美來台為父診病。」又記：「日來余心不定，夜間亦多夢，無心處理重要之公務。」看得出他對父親病情的擔憂。

當時越戰即將進入最後關鍵時刻，蔣經國自也關切，四月三日記：「越南峴港失守，越南軍之五師主力被擊潰，敗軍和難民逃亡之悲慘情況，從照片和電視上觀之，慘不忍睹！」同時他又對台北一片歌舞昇平、風花雪月極感不滿，日記中提到：「多少人死亡，多少人流離失所，多少人驚慌恐懼，多少人飢餓，而同一天台北報紙還在談狗比賽，梁實秋老糊塗和交際花的婚事，東南亞戰爭似與我無關，如何不令人心寒。」

四月五日深夜十一時五十分，蔣介石病逝於士林官邸，蔣經國在隔天的日記寫道：「兒痛不欲生」。自此到四月底，蔣經國在日記中詳細記錄父親過世前後的情況。

四月五日：「當天清晨到士林向父親請安後，到教育部處理公務。」

四月十日補記：「請安之時父親已起身坐於輪椅，見兒來到父親面帶慈祥之笑容，兒見之甚樂，因為已久未見父親笑矣。父親談問清明以及百苓先生百歲誕辰之事，當兒辭退時，父囑兒：你應好好多休息。兒聞此言，心中忽然有特殊的感觸，安知這就是父對兒所講的最後一句話。是日我心始終有不安之感，傍晚探父之時，病情似無變，但總覺煩躁，六時許余回七海稍作休息，八時半再探父病之時，病已開始惡化，是在睡眠中開始停止呼吸，急救無效。」

四月十一日記：「父親於五日深夜逝世後，儀容安祥如在深眠。當時即邀嚴副總統、四院院長以及其他要員和家人來士林官邸瞻仰儀容。房屋中悲哀至極，余即已發昏而悲哀跪哭，當孝儀要我在遺囑上簽名時，右手發抖寫不出字來，向長輩答禮亦不知來者為何人也。」

四月九日清晨，蔣經國到榮民醫院為父親穿衣服，四月十三日記錄了蔣介石入殮時的衣著：「這是最後一次為兒者所能為父親所做之事。照鄉例穿七條褲子，包括長袍馬褂、遺體貼身包以絲棉，黑襪、黑皮鞋，配勳章，並以平時父親喜讀之書：三民主義、聖經、荒漠甘泉和唐詩四部書放於靈櫬之中。另有呢帽小帽各一頂、手套一付、手巾一塊、手杖一根，此皆父親平常日用之物也。」

十六日中午奉厝父靈到慈湖後，蔣經國因悲痛而昏迷，經急救打鎮定針後，昏睡至傍晚始醒，據醫生說，當時心跳速度每分鐘高至一百四十跳。

四月二十日蔣經國人在慈湖，回憶此生之中幾次家喪的往事，一次是祖母，一次是母親，第三次就是父親，讀之令人鼻酸，日記如下：「此生之中，第一次家喪乃是祖母之逝世也，是年余方十一歲。祖母不但愛余心切，而且待人主持公道，排他人之糾紛，主張公正，從事許多慈善事業，生活簡樸，並且從來不使人難看，不譏笑別人。祖母逝世時，只覺得悲傷，但覺悟之意不深。第二次家喪乃是母親被日機炸而罹難，辦喪事於戰火之際，哀痛之情極深。母親一生勞苦，為我蔣家、為我父親，為兒而生、為兒而死，對母親深有愧疚之意，至感不孝。此心此意與日加深，不孝之罪莫有大於此者。第三次家喪乃是此次喪父，父親待兒嚴而又慈，愛兒教兒無微不至，尤其撤離大陸之後，共冒危險、出生入死，同受毀謗、遭受攻擊，始終貫徹救國反共之志意。父親之對兒，作之君作之師，今日革命將成未成之際，父親棄兒而逝，父子同離故鄉，今父親已不在人世矣，兒思之痛哀。」

隔天，蔣經國夢見有一群青蛇向他伸咬，惡形凶相可怕，又有一大堆鐵絲網擋路於前。十三日記：「前夜此夢非偶然，乃是目前之真實處境，祈父佑兒衝破此一危境而前行。」又記：「父親之逝世乃是一生之中最為傷痛之事。一生之痛永不忘。何其幸而有如此之父，何其不幸而天奪我父於此時此地，前途茫茫，有苦向誰訴？有事向誰說？」

四月二十七日日記還提到蔣介石晚年的生活情況：「父親得病以來，前後已有三年，此為父親一生之中病痛最重之時日。先不善於行，後來右手失靈，不能自己進食、寫字。憶一年以前，父曾告兒曰：手腳無用，人有何用？」這是關於蔣介石晚期病痛狀況，第一次公開出來。而這種失怙的孤獨感，讓蔣經國不免有「無時不感失去生命與生存之依靠」的感慨。

即使過了幾年，蔣經國仍然常想起父親，一九七九年一月四日記：「慈湖梅花盛開，使兒想起父親生前在此散步、採梅之情形，至感哀傷，國家多難，處理國務雖已盡我心力，但無法平我之心，寢食難安。」由於美中已於一月一日正式建交，在台美軍即將撤離，日記又記：「美國將以置我於死地為快，事已到了如此地步，美國還要不斷的欺侮我們。帝國主義之真面目日益暴露清楚，吾人務必作最壞之打算。除了自己，再無人可靠了。」四月五日又記：「今天清明是父親逝世四週年紀念日，回顧四年來，無日不在憂患傷痛之中，以最近四個月來為最甚。每遭危難，念父之心益切，今日迷惘中再無人導引矣。」

那年四月間美軍協防司令部和顧問團撤銷，最後一名美軍在一九七九年五月三日離台，美軍結束在台灣的正式活動。蔣經國在四月底的「本月大事記」欄目上寫道：「數月來常在夢中見父親，每次從夢中醒來，感念殊深，而再不能眠矣。」又記：「美軍已完全撤離，一切都要靠自己。」至此，中華民國必須在沒有美國支持下自立自強，蔣經國也終於走出對父親的依賴與懷念，肩負起領導國家的重責大任。

對母親的追憶與懷念

蔣經國對母親毛福梅有很深的懷念與依戀，即使已經與母親死別幾十年，日記中仍經常出現對亡母的追懷思念。尤其想到母親茹苦含辛一生，卻枉死於日軍轟炸，悲傷之情往往充塞文中。這除了是他年少即離家赴俄，對母親有著很深的孺慕之情，還因毛福梅與蔣介石的婚姻並不幸福，可以說是個犧牲者，讓身為兒子的蔣經國不免為母親抱屈，思念之情更加銘刻在心。

毛福梅十九歲嫁入蔣家時，蔣介石還是個十四歲的小孩，她純粹就是個保姆而非妻子。蔣介石長大後到上海，見了世面後對家中這位糟糠之妻不免嫌棄。後來又忙於打仗，一直沒怎麼在家，身邊還有不少紅顏知己，毛福梅只能在家中做家事，照顧長輩。好不容易有了自己的孩子，卻被送去蘇聯留學，一去就是十二年，母子兩地分離，毛福梅得不到孩子的任何音訊，只得每天在佛前禱告。

一九二一年六月，蔣介石的母親王采玉逝世，蔣正式向毛福梅提出離婚要求，毛福梅堅決反對，鄉里故舊也都不認可，蔣介石自知理虧，此事遂不了了之。六年後蔣介石為迎娶宋美齡，正式與毛福梅離婚，不過經由蔣的堂舅孫琴風擔保，毛福梅離婚不離家，仍是豐鎬房的主婦，生活由蔣介石供給。蔣經國依舊是正宗嫡嗣，記於毛氏名下。

一九三七年蔣經國攜俄國籍妻方良和長子孝文回到中國，母子見面相擁大哭。蔣經國並在母親的要求下補辦婚儀。後來蔣經國擔任贛南專員，一心要接母親到贛南奉養，可是毛福梅卻不肯離開家鄉。一九三九年，日軍大肆宣傳要求蔣和談，否則要炸平蔣介石老家。遭蔣拒絕後，毛福梅被日本飛機炸死於溪口鎮蔣家老宅豐鎬房外，享年五十八歲。

母親雖已逝世，蔣經國對她的思念並不因而消失，一九四二年一月六日日記就記載：「自母親罹難後，私章即改用藍色，以表孝思之意，合二週年已過，照例改用紅色。時間易過，念親之心難盡，將永無忘記。近日念母之心甚切，每至東方將白之時，惟有自泣自慰。」當時正是抗戰最艱困階段。一九四九年蔣經國追隨父親來到台灣，一九五七年時任輔導會主任的蔣經國，在五月的日記中留下大量追念母親的記載。

五月十一日：「三年以來每日早起之後、就寢之前，必跪在先母遺像之前默念數分鐘，天天無間。在默念之際，想及自己孩兒與幼年期間在家中淘氣，以及先母茹苦含辛之情況，我先母多病，常見母呻吟於床之苦痛狀況，難忘於懷。」

又記：「當廿年前回國後，第一次自杭州同先母通電話時，先母似信又難信之音調始終印在為兒者之心中，永世不忘。後來回到溪口拜見先母，母子抱頭痛哭，此情此景，永刻衷心。以及先母對兒的期望之深、愛護之切，一一記在心中。至於自己往往有不聽順母意之事，使母憂煩，於今思之，余罪深矣大矣。」

隔天是母親節，日記欄目寫下「生我育我劬勞　親恩慈光貫古今」幾個大字，同時記載：「早晨醒後即思先母和父親不已。我父母之平生皆是一部痛苦之史，母親個性剛強絕不求人之諒解與憐憫，自己心裡有最大之苦痛，從不在別人面前有所祈述。有一清晨聞母臥床嘆氣久之，余過去問之，母則強做笑容謂並沒有什麼事。我母慈悲為懷樂於助人，鄉親有急難者無不設法接濟，有時受人欺侮被人輕視，從不將此種內心之苦痛形之於面色，亦從未存有報復之意。想起最後一次余離鄉赴贛，母子抱別送子上車，再三叮囑在外要當心，誰知此為最後一次之分別，至今思之悲傷之情充於胸懷，永生不忘。」

五月十五日他到教堂禮拜，日記記載：「禮拜堂紀念母親節，規定參加者凡其母親在世者則胸配紅花，凡已去世者則配白花。當余看見胸配紅花者，曾發生一種羨慕之心，天下之人能享受母愛者，乃最大幸福人也。」

接著是五月十七日日記：「由於關懷兒女之前途而憂慮，即時常想起父母之大恩。憶己最後一次別母上車赴贛之時，車行後回頭一望，老母仍立於大門之前，依依目送。是次車行至上山輪胎爆破，於是折回家中，見我母一人獨坐暗泣於房中，聞兒呼母聲即急走出門口，驚喜之情至今尚一一記在心裡。不到一小時車子修好後，再別母登途，誰知此為最後母子相見，此豈命耶？今日思之，悲傷無已。」

隔天又記：「因病在家休息。獨臥於床上又時念先母不已。當余在贛州任所接家中被炸、先母失蹤之電報，已知凶多吉少，但尚存先母可能無恙之希望。車達溪口看見親友之表情即知大事不好，似瘋似狂我夫妻趕至摩河殿目睹先母之遺體，余抱而做最後之一吻以後，即昏去而不知人事矣，至今思之悲從心來。」

當天的「上星期反省錄」欄目，蔣經國再記：「余憶自俄回國以後，有一次先母重病在床，告兒曰：『我苦了一生都是為了你的爹和你，我自己亦不知道究竟還能活多久，只要你能聽你的爹所講的話我就好了。我是對得起你們蔣家的。現在你這塊親肉亦回來了，我亦可以說已經出頭了』，話畢母子抱頭痛哭久久，枕頭棉被皆為眼淚所溼。最後我母又再三告兒：『望菩薩保佑你的爹平平安安，所有的人都靠他，你要為你的爹爭氣。』此情此景，一一在憶念之中，近來念母心切，特記述之。」

到了一九七八年蔣經國已經是個快七十歲的老人，對母親仍然常懷思念，那年九月十七日正逢中秋節，日記記載：「想起幼年時期有一年的中秋，母親帶兒在月明之夜上香於堂前祭拜月亮，誠心祈求平安幸福，相隔已有六十年，當時母子相依為命的淒涼情景，一一切記在心。」

蔣經國十五歲即離別母親，隻身前往蘇聯，落腳於西伯利亞荒野之中。一個小孩身處如此險惡環境，思鄉、思親之殷乃可想像，內心因此烙下對母親深沉的孺慕之情。等到回國後，一開始還能陪侍母親於故里，但很快就為了工作必須離家，此後母子又是長時間的生離，直到有一天竟變成死別。加上母親因為父親的事業與婚姻，被迫離婚不離家，一個人苦守老宅侍奉公婆，讓蔣經國更感不捨。

蔣經國是個同情弱者的人，對平民百姓都如此，何況是自己的母親！這應該也是他經常在日記中追念母親的原因。

對子女的恨鐵不成鋼

蔣經國育有三兒一女，老大孝文一九三五年生於蘇聯，唯一的女兒孝章一九三七年生於江西南昌，二子孝武一九四五年生於重慶，老么孝勇一九四八年生於上海。

一九四九年四個兒女都隨父母來到台灣，兵荒馬亂的年代，本應是安穩幸福的一個家庭，然而查閱《蔣經國日記》卻發現，家庭並沒有給他帶來溫暖，兒孫更是他一輩子的負擔。一九七九年他已是中華民國總統，七月二十二日日記上記載：「我的家雖然還不能說破碎，但是是不幸福和不理想的。家人大小在物質上的享受，實在太多了，是很大的浪費，太對不起國家和百姓了，良心因此而不安，這一筆債恐怕一生亦還不完了。」

和許多為人父母者一樣，蔣經國對兒女有很深的期望，這可見於一九七〇年三月十六日記：「我希望兒子孫輩時時心存仁慈，處處體察到貧病人群的真實痛苦，由此而發現人生的深刻意義，不要只是站在那裡用手指點著高峰，要我的兒女向上攀登，而是自己應當開始時時向上爬，他們就會跟上來。」然而生為蔣家小孩要承受許多的壓力和誘惑，這點蔣經國本人或許未必能夠真切體會，加上他的夫人對小孩比較溺愛，四個兒女在學業、事業、乃至婚姻上都有問題，他的期望越深，失望也大。此種巨大的失落感，讓他飽受精神折磨，日記中經常出現這類的記載。

蔣經國對兒子的失望，第一個是學業問題。由於祖父蔣介石的軍人背景，三個兒子都讀過軍校，但通通被退訓或退學，無人能夠畢業，讓蔣經國感到十分羞愧。一九七〇年三月就在他即將啟程訪美前，三月九日日記記載：「勇兒以因公務受傷之理由，辦理退學與轉學之手續，明知此為欺人自欺之作，但是事實如此，如何使我不自感慚愧耶。」蔣孝勇從軍校退學，公開的原因是他在一次訓練中跌傷了腳踝，休養了好幾個月，由於跟不上軍校課程，只好離開軍校，透過軍事學校轉學條例，插班進入台灣大學政治系就讀。然而這種特權做法，連蔣經國自己都無法安心以對。

最讓他感到尷尬的是到軍校主持慶典時，一九七二年六月十九日記有這麼一段：「軍校校慶前夕宿於軍校之春暉堂，想起文、勇兩兒先後從軍校退學，實在沒有面目見軍校之師生，深感愧疚。而文兒尚在重病中。兒輩之不爭氣，影響家譽和事業，余身為人父而未盡父職，此心必將一生不安。」身為陸軍官校創校校長之子，以行政院院長身分前來校慶演講，卻得面對兒子連軍校都無法讀畢業的殘酷事實，真是情何以堪！

蔣經國對兒子的恨鐵不成鋼，甚至到了看到部屬的小孩學業有成，也會心生感觸、低迴不已。一九七八年二月四日日記記載：「靈鈞之子周中，其年齡與文兒同，是我在江西時候看他長大的。上週見了他，不但在學業和事業上有很大成就，並且一舉一動都很有禮，講話有條理，而文兒則成了沒有用的廢人，慚愧。」十月十七日又記：「一日中午在運璿寓所同其家人共進午餐，見其子女皆畢業台大，個個規規矩矩，全家一團和氣，我不如其者多矣！一生中所已犯的過失是無法補救的，徒然後悔而已，內心痛苦至極。」周靈鈞是蔣經國在贛南時期的辦公室主任秘書，孫運璿則是蔣提拔的行政院長，他是兩人的長官，卻因兒子不爭氣而讓他在部屬面前自覺「不如其者多矣！」

不僅如此，就連看到尋常人家的子弟，蔣經國也會聯想自己兒子的不成材，而為之羞愧難受。一九七九年五月十二日的日記就記載：「前星期日參觀瑞芳煤礦時，遇見一在該礦場已經做了四十年老礦工，有子女四人，其中有一子已在師範大學數學系畢業，另一正在讀大學，其餘也都在求學。聞之自感慚愧，因孝文、武、勇皆未能完成正式的高等教育也。」七月十九日又記：「每次約見調職之軍官做個別談話，問起他們的家庭狀況，幾乎每個人的子女都受過或正在受很好的教育，品德皆優，而我之子女無一完成正軌教育，思之再三，自愧無已，且無面目見人，此為終身難忘之痛。」

以蔣經國當時權勢之盛，竟然為了小孩的學業而自慚沒臉見人，如果不是日記公開，恐怕沒有人會相信。

還好，他對兒女的期望終於在孫輩身上得到些許彌補。一九七九年七月一日記：「祖聲以第一名在美國畢業高中並得獎狀六項，友梅亦以第一名畢業高中（北一女）並決定赴美留學，以了一生中的一大心願。以上二事，乃為精神苦痛中聊可自慰之處，可喜。」祖聲是指他的外孫俞祖聲，蔣孝章和俞揚和生的兒子。友梅是蔣孝文的女兒，蔣經國的長孫女。

提到蔣友梅，就不得不想到她的父親蔣孝文，他應該是最讓蔣經國頭疼的小孩。蔣孝文是家中長子，從小被賦予很高的期望，蔣經國對他的管教也非常嚴格。蔣介石希望長孫從軍，像他年輕時一樣，一九五五年夏蔣孝文進入陸軍官校就讀，但他完全不能適應嚴格的軍事教育，必修的理工課業也跟不上，還常常不假外出鬧事，只得於一九五六年底以罹患鼻炎的理由退訓。

從軍校退訓後，蔣孝文仍常在外頭闖禍、鬧事，曾經開槍差點射殺官邸衛士，讓蔣經國傷透腦筋。一九五七年五月十六日日記記載：「午前在輔導會約文兒長談，告其今日家庭之處境，以及余對於兒女之前途設想與用心之苦，勸其能在國內完成大學學業再做出國之計。文兒心中似有無限的傷痛之感，為其處境而深表同情。」這是為人父母最深沉的苦楚，也是身為蔣家後代者的悲苦。

後來蔣家仍決定安排孝文到美國留學，看看擺脫家族庇蔭，生活是否可以正常一些。當時政府禁止高中畢業生出國留學，蔣孝文是透過教育部特辦的甄選才出去，就讀於加州柏克萊大學，主修企業管理。蔣孝文在美國遇見了小時候一起長大的徐乃錦，兩人異地相逢很快擦出愛情火花，一九六〇年在美國完婚，隔年女兒友梅出生。看似一切已步上軌道，但蔣孝文喜歡酗酒，有次酒後駕車撞壞護欄公物，又在法院發飆鬧事，最後被判拘留三日並驅逐出境。

蔣孝文回國後在台電當處長，不改愛飆車、喝酒的習慣。據王美玉著《蔣方良傳》描述：有一次李煥到桃園地區，特別去探視在台電桃園辦事處上班的蔣孝文，兩人坐著孝文開的吉普車，從桃園開回台北，一路上蔣孝文邊開車邊拿著酒瓶沿路喝。李煥看了很擔心，勸他不要這樣喝酒會傷身體，尤其邊開車、邊喝酒很危險。當時蔣孝文告訴李煥說：『我爺爺三十九歲就當上領導全國抗日的總司令，我爸爸在三十多歲時，就在贛南做得有聲有色，是全國都知道的『蔣青天』，我現在也三十多歲，卻只是台電的一個小職員，我的壓力很大。』」另據外交官張超英回憶，蔣孝文曾對他說：「其實我也是要爬電線桿的，每次爬我都腿軟，但想到肩上三個字，我還是得咬緊牙關撐下去……」由此可以想見蔣孝文身為蔣家人的壓力。

一九七〇年蔣孝文在一次酒後宿醉，未按時服用糖尿病的藥，導致血糖過低，以致昏迷了好一陣子。後來命雖然保住了，但是腦部受損，長期躺在病床上，酒毀了他的一生，讓蔣經國既傷心又生氣。一九七五年三月二十五日記：「看見文兒似瘋非瘋之病態，至感厭煩，不過我一點亦不可憐他，因為這是他自作孽也。現在要以很多錢去養一個廢人，消耗公費公物，自感慚愧，對老百姓無法交代。」

蔣經國對兒女的失望，第二個是婚姻問題。說起來蔣經國自己的婚姻也並不順遂，贛南時期與章亞若的婚外情，來台灣之後的諸多緋聞，再加上其父的幾段婚姻，按理他對兒女的婚姻應當比較包容才對；但從日記上來看，蔣經國還是一個很傳統的父親，總希望兒女長大都能婚姻幸福、家庭美滿。可惜他的期望一個一個落空。

一九五七年唯一的女兒蔣孝章赴美留學，蔣經國擔心她一人在外，特別託付俞揚和代為照顧。俞揚和是國防部長俞大維的兒子，不久兩人陷入熱戀，引起一陣喧然大波，原因是俞揚和比蔣孝章大十二歲，不但曾離過婚，當時還是有婦之夫。蔣經國得知後十分惱火，曾衝到俞大維辦公室理論，掀桌子發飆。後來俞揚和親自從美國飛回台灣解釋，加上宋美齡出來打圓場，這才說服了蔣經國接受。最後俞揚和先與前妻離婚，於一九六〇年八月在美國舊金山與蔣孝章結婚。

除了女兒蔣孝章，次子蔣孝武的婚姻也讓蔣經國感到很無奈，一九七八年六月二十五日日記就提到：「武兒婚變……，影響余情緒至大。皆由於自己治家無方有所致之。」十一月九日又記：「武兒決定離婚，又是家中一件不幸之事。」

蔣孝武自小雖不像么弟孝勇受寵，也不像大哥孝文被寄予厚望，但作為蔣家成員同樣承受許多壓力。他讀中學時經常在外頭打架鬧事，畢業前成績是全班倒數，於是又跟大哥一樣進入軍校就讀。然而憑恃著蔣家身分，蔣孝武在軍校依舊不守軍紀，每天睡覺睡到自然醒；吃飯時也不排隊打飯，甚至隨時可以開車出去兜風。眼見孝武如此，蔣經國決定將他送到國外念書。一九六七年蔣孝武赴德國慕尼黑政治學院念書，後來認識了瑞士籍華人汪長詩，隔年兩人在美國結婚，婚後七年離婚。

關於蔣孝武，蔣經國一九七八年一月二十二日日記中還有一段記載：「沈之岳竟兩次面薦孝武為調查局長，聞之一驚，沈某幼稚到如此地步，否則就是別有用心，或者對我之為人與人格毫無認識。無論如何，此事不能責沈，而余應自反自省者多矣。」不過隔年蔣經國還是安排蔣孝武進入國家安全會議，中間的轉折如何，日記中並無記載。江南命案發生後，蔣孝武被外派新加坡，遠離國內政壇，直到蔣經國逝世才返台。

總之四個兒女的教育、事業與婚姻問題，都讓蔣經國傷透腦筋，就像他自己說的「是一輩子的負擔」，日記中不時出現這樣的感嘆：

一九七〇年四月在他準備訪美前，四月八日日記記載：「三兄弟個性不同志趣不一，到今天為止無一有大抱負者，可謂余教子無方矣。」

一九七八年三月十五日是他的結婚紀念日，十七日日記寫道：「回想四十三年來之夫妻生活，甘苦與共，今日已是老夫老妻，內心相安。但是兒子之不肯走正路，有如其他青年之能完成完整之教育，深以為恥辱。」

當年十一月二十四日的「上星期反省錄」：「十二日傍晚到天母陽明山分訪文、武、勇三家，他們的生活環境太好了，可稱之為富有之家，我甚不悅，現在享福，將來一定要吃苦，且有敗家譽政風，為之憂。」

一九七九年七月十九日記：「寒心。家人中不正當的行為影響家庭之聲譽，連帶而來的是政治問題，雖時加告誡效果不大。託國華、心波（按：秦孝儀）對武、勇兩兒多加照顧。」

兒女們讓蔣經國傷透腦筋，還好晚年有孫女蔣友梅陪伴。友梅是蔣經國長子蔣孝文和蔣徐乃錦的獨生女，幼年時父母雙雙赴美留學，是由祖父母帶大，因此祖孫感情很深。友梅七歲時，父親開始長期臥病在床，蔣經國心疼這個孫女，日記中有許多情真意切的記載：

一九七五年三月二十二日記：「昨天是友梅十四歲生日，此孫已長大，所懂以及所想的事很多，每次見之似都有很重的心事，而身體亦很瘦弱，可能是因其與父母長居醫院之環境而影響其心理。余愛友梅之心甚切，明知家之重要，但祖孫分居兩地，共同相處之時間甚少，未能盡到家教之處甚多，於心不安。如此不如在其初中畢業之後出國讀書，得以脫離醫院環境，但是又放心不下國外不良社會環境之影響。總之，處理家務事要比處理公務難。」

此時蔣友梅已經是個進入青春期的少女，有時也會和祖父鬧彆扭，四月十六日記：「上週末中午對友梅的不孝順而憤怒、責嚴，事後為之心痛，亦為之後悔，此非教養之道也。在未來的歲月之中，又不知將如之何，友梅在我的心中總是一個大『問題』，由於愛孫之心過切之故呀！」六月二十五日又記：「對於友梅之行為，有時感到憤怒，有時覺得不安。」

一九七九年蔣友梅準備出國讀書，蔣經國很捨不得，日記中不斷出現與蔣友梅有關的記載。

七月十五日記：「友梅即將赴美，為之喜亦為之憂。」

七月二十二日記：「為了兒子而擔心重重，現在又要為孫輩而擔心了，這是無法結束的一生負擔。」

七月二十五日記：「友梅出國在即，送其赴美亦是出於不得已，因為依其程度在國內無校可讀也。余愛友梅亦為其擔心，因為美國的教育環境非皆屬於善良之類也，有許多事只有聽天命，不過盡我心力，朝好的方向去做則可矣。」

八月十八日記：「友梅出國在即，此心依依，深望此孫將來有所成以慰祖父之心。友梅為我一生中之第一孫，相處十八寒暑，家中有愉快亦有很不高興的時日。自從文兒得病後分開居住，再無督教之機會，彼此相隔有距，家庭並不幸福。不過余對友梅仍甚愛之，臨行之時余書：祖孫甘苦共一命，我的心永遠和您在一起，以贈之。」

九月十一日記：「友梅離家之後，無時不在掛念之中。得其母來信，知孫女途中得病，更為擔憂，希望此時已經痊癒進校矣。」

九月十四日記：「夢中忽見友梅回來，日有所慮也。」

九月十八日記：「對留居美國的章女、梅孫，無時不在懸念之中。希望他們時時平安。」

九月二十八日記：「接友梅自校來信，知其平安，從信中可以看出亦頗能自愛，為慰。希望此孫在學問上有突出之進步。」

十一月二十三日記：「友梅自美來信勸我享受生命，言之有理，不過孫女哪裡會知道祖父的處境之苦。」

十二月二十九日記：「友梅自中學起即接受美式教育，甚不以為是，乃是由於不得已的環境所造成。其實此罪仍應歸之於我之教子無方也，且為其未來之教育與生活而多憂也。家事多變難料，但亦不可能聽其自然也。家中自父親得病以來，就未作聖誕之宴，此次友梅初歸於聖誕之前夕。」

總之，儘管蔣經國位達至尊，他還是和一般為人父母一樣，總希望兒女平安有成。或許一九七九年三月二十三日這段日記，可以代表他對兒女的素樸期待：「在日常工作中，以接見素不相識和明知其為名為利而來、而又不得不見之賓客為最苦，對於政治深感厭惡，而在此有生之歲月中已無法擺脫矣。望我子孫再不要有人從事於政治了。」後來他公開講出「蔣家人不能也不會有人從政」，對照這段日記的記載，應是極真切的表白，而不是虛假的說詞。當然也與三個兒子太不成材，讓他一輩子飽受身心折磨有關。

對繼母與孔宋的憎怨

蔣經國常在日記品評當時政治人物，其中著墨最多的就是孔令侃，且幾乎皆屬惡評。這除了有上海打老虎的宿怨之外，也和孔令侃幾度靠著宋美齡庇護，想回台從政甚至奪權有關。也因此，蔣經國雖格於宋美齡乃其繼母，公開時不能不有所敷衍，內心其實另有感受，日記中常以「紐約」、「紐約方面」代稱，連名字都不願多提。

孔令侃是孔祥熙與宋靄齡的長子，算起來與蔣經國有表兄弟關係。抗戰結束後，孔令侃從美國回到中國，在上海創辦揚子建業公司。一九四八年國共內戰後期，中國出現嚴重的通貨膨脹，蔣經國奉命到上海督導經濟管制，以鐵腕手段抑制物價，查封孔令侃的揚子公司，由於宋美齡的干預，最終受到挫敗，兩人從此結怨。

一九四九年後，孔令侃定居美國紐約，就近服侍阿姨宋美齡，也密切參與對美外交事務。宋美齡對這位外甥十分賞識，好幾次向蔣介石力薦入閣，都因老蔣已經決定培植蔣經國，不讓孔宋家族打亂他的接班布局而不成，孔令侃只撈得一個「總統府國策顧問」的虛銜。

一九七二年初，台灣正值第五任總統及副總統選舉，元旦新年後，孔令侃奉宋美齡之召回到台灣。此時蔣介石的身體已經江河日下，宋美齡希望在蔣介石還管事時推薦孔令侃擔任行政院院長，延續孔宋家族的政治影響力。據傳宋美齡曾當面向蔣介石說：

「令侃在美國極力爭取我們的權益，為國家做了那麼多事，我認為，令侃是最好的院長人選。」但蔣介石明確地告訴宋美齡，不能讓令侃做院長。宋美齡不死心，某日下午，宋美齡對蔣介石說：「我知道你對經國期盼深切，但是，你曉得令侃也為國家做了不少事。現在，美國只想和中共建交，根本不把我們當回事。如果不是令侃，美國待我們更刻薄。他在美國為你做了多少事情，難道你完全不在意嗎？」

縱使宋美齡再怎麼推薦，蔣介石毫不退讓。宋美齡轉而說：「不給令侃做院長，那麼副院長總可以給他做吧！」蔣介石還是不同意，回道：「就算過得了我這關，你認為黨裡面的同志會心服口服嗎？」蔣介石很清楚，假如蔣經國和孔令侃一個當行政院院長，一個當副院長，萬一兩人不同調，院長和副院長之間形成僵局，會很麻煩。但宋美齡仍一再堅持推薦，蔣介石憤怒至極，告訴宋美齡，如果再強行引薦孔令侃，他寧可不再尋求連任。宋美齡最後迫於時勢，只得「退讓」，蔣經國這才順利接班。

上述政壇傳聞未必完全屬實，但對照蔣經國日記可看出若干端倪。一九七二年五月十七日國民黨中常會通過嚴家淦副總統辭行政院長兼職，並提名蔣經國接行政院院長。五月十九日蔣經國日記記載：「孔令侃自美來台，不知其用意何在，以我個人而言則是一種困擾，此亦為無可奈何之事也。」

一九七五年春天，蔣介石此時已進入病危階段，孔令侃又從美國回到台灣。蔣經國三月九日日記記載：「下午處理公務完畢之後到士林向父親辭行時，在另一房間遇見孔令侃，見之不但厭而且恨，此人對公對私皆害了不少。不過今日雖然有害，但是已起不了作用，把他忘了就算了。此人反美之言論乃是由於受於美國人對其輕視而起，國家處於今日之境，對美雖有不滿，但不可因泄憤而公開謾罵，尤其不宜論及匪俄關係，孔某透過某種關係而為之自作聰明，實害國家，可惡。」

蔣介石逝世後，宋美齡移居美國紐約。一九七八年三月蔣經國派兒子孝勇代表他赴美祝壽，三月二十八日記：「勇兒自紐約拜壽歸來，談及此行之經過，孔家陰魂不散，為之寒心、擔心。」日記中並未提到具體事例，可能宋美齡或孔令侃當著蔣孝勇面，講了不少讓蔣經國事後聽了難以忍受的話，讓他生悶氣很久，四月二日記：「最近十天來受到公私雙方面精神壓力實在太大太深了，在家庭中不但得不到安慰與勉勵，而且受到種種阻撓與難以忍受的侮辱，這是萬萬所想不到的事。孔家害我國又害我家，忍受此氣已有卅數十年，今後還是決心以忍字以對之。」

有評論者根據蔣經國一九七八年就任總統前，宋美齡三月二十四日給蔣經國的一段電文，稱從這段電文可以看出宋美齡對蔣經國如何治國極為關切，顯示兩人關係融洽云云。宋美齡電文是這麼說的：「汝既被徵召，不必惶恐愧汗。余曾顧慮者，乃照憲法規定，行政院長對立法院負責，乃真正施政者，而總統惟形式上之元首。汝在行政院可多為人民國家做些事，借手於人，終不如理想。歷任行政院長除父親自兼外，蒞台後陳副總統特殊情形下，兩次兼辦一段時間，餘者均感受困擾。」表面上看是在提醒蔣經國，行政院長才是真正的施政者，總統與行政院長的關係必須謹慎；背後意涵恐怕沒那麼簡單，宋是要他慎挑行政院長人選，不要變成困擾，至於有無推薦孔令侃為行政院長人選，則不得而知。根據蔣經國日記一九七八年二月三日記載，當時他考慮的院長人選有倪文亞、俞國華、孫運璿及李國鼎，最後決定提名孫運璿為行政院長。

一九七八年十二月十六日凌晨，美國大使安克志奉命緊急請見蔣經國，告知美國將承認中共政權。蔣經國除了做好內部應變，十六、十八、十九連續三天函電宋美齡，向她報告「美匪建交」最新情勢及黨內緊急處理情形，函電中還說：「鑑於美匪關係既成事實，必將有大批匪類赴美，勢將嚴重影響大人之行動與安全。兒經一夜不眠之深思，極慮！特馳電請示，不知大人健康情形是否能考慮回國，並候賜示。」電文末照例寫上「兒經國跪叩福安」，表現得十分恭謹有禮。

一九七九年初，蔣經國開始與美方進行艱苦的談判，日記中不斷出現對於「紐約」

的批評。二月十日他接到宋美齡函電，二月十四日記：「歲寒心更寒。『紐約』意氣用事，來電責備對於中美談判不當。對於此事之處理至感苦痛，但是我不得不以良知為主，國家利益為重，而不可奉迎為之，個人之榮辱不足計也。」

「紐約」來電究竟責備什麼？對照已公開的宋美齡資料，原來是指台灣同意斷交後設立北美事務協調委員會，以辦事處取代原來的大使館一事。當時迫於美方堅持斷交後，台灣不能再有大使館存在，為了維繫兩國交涉與往來，蔣經國只得採取權宜措施，但內心其實十分忐忑。二月十四日記：「設立北美事務協調委員會。忍痛決定成立在美辦事處，此乃奇恥大辱，不知何時雪。」二月十六日又記：「數夜未睡，心意不寧，宣布對美新關係的決策之後，只恐有錯，於心不安，反省再三，坐立不安。不過自問已盡我之心力，至於結果則難料矣。」

然而宋美齡給蔣經國的函電，把負責與美談判者比為漢奸曹汝霖、章宗祥，要他們辭職以謝國人，雖然罵的是楊西崑，已形同在罵蔣經國是賣國賊，讓蔣經國在不安中更添苦痛與憤怒。二月二十五日記：「紐約來電對於政府處理中美關係之不滿加以責備，用詞甚嚴，初讀之甚為激動，竟夜未眠。次日自問心安理得，一切只好聽之於天矣！。」隔天日記更感嘆自己「生來就是一條苦命。」

「紐約」給予的壓力，讓蔣經國遲遲無法釋懷。當時外交部次長楊西崑奉派赴美善後，任勞任怨經歷了一次很大的考驗，蔣經國對他亦有了多一層的認識。三月四日記：「西崑談起孔令侃和他的對話，極感憤怒。孔某不講理、無情無義到如此地步，非人也。令我想起多少孔宋禍我國害我家之往事，本來不想再算舊帳，但是何能忘耶！」

三月四日是宋美齡生日，蔣經國特別派蔣孝勇去拜壽，以表心意。蔣孝勇回來後向他報告拜壽經過，三月十八～十九日記：「誠心善意派勇兒赴紐約拜壽反被辱罵而返，斷非我始料所及。如此無情無義、無理取鬧、借題發揮在與政治毫無關係的小孫身上，如何不令余痛心？數天來為此而日夜寢食不安。在公務方面的負荷已經夠重了，而又加上如此家難，實在夠受了。如無平日之修養，恐難再忍受了。孔家之陰魂一天不消滅，我蔣家就沒有一天安寧了。」

隔天又記：「閱讀自中美斷交以來，我和『紐約』來往之函電，再加以檢討，在公在私皆無錯誤，一切措施都是以黨國利益為先，經過深思之後所決定的，於心無愧、心安理得，無所憂矣，何必自討苦吃。」雖然自認「於心無愧、心安理得」，但此事已成蔣經國的心病，三月二十一日記：「想起勇兒在紐約被侮辱之事，越想越氣憤，身為長輩如此無禮又無理、無情又無義，幸虧欠在彼而不在我，可以寬心矣。不過不知何故，總是想不開，這是一個死結，只好聽其自然。」

三月二十二日再記：「日間心煩，夜間失眠，影響情緒，在工作方面懶於思考，亦懶於行動，知對方目的是在氣我，使余趨向心灰與懈怠而歸於失敗，我豈可上其當，所以還是把紐約之事放開為好。」

三月二十三日記：「想起父親一生受孔宋二家之氣不知多少，那麼我今日所受之氣與之相比較，那就算不了什麼。自問從父親大去之後，小心翼翼，無時不以國家之利益計，且已盡我之心與力矣。」

三月二十六日記（記於病中）：「接著三月十二日從紐約來信，語無倫次，我實不知究竟得罪什麼，再三思之，難以身解，自問無愧於心。小人難以對付，再加上是小人中的小人在一起，則更為難矣，痛哉。」

三月二十七日記：「『紐約』情緒問題，完全由孔家之二個小人導演而成、挑撥而起，破壞我家之和，為之惋惜，亦為之憤激。」

三月三十一日記（深夜記於病中）：「『紐約』方面不只是對外交政策不滿，而且對我有很深的成見，並含有算舊帳之意。此一家乃起因於我自俄返國之時，發展到今日似已無挽回可能了。不過仍將繼續以忍人所不能忍精神再試之，以無愧於父親在天之靈。」

至於一九八二年八月三十日，蔣經國致宋美齡電報稱，「……，大人再三為黨為國，在美挽回狂瀾，乃為世人所共見共仰者。令侃令傑兩弟，無論過去現在對黨國皆有貢獻，此則兒之所深知者，今後尤望其加強聯絡在美友人，協助政府，以增進中美之間關係。」表面上話說得好聽，看似已前嫌盡釋，其實是蔣經國的一種勝利者的姿態。當時台美關係已經穩定，孔宋再無插手餘地，他大可施點口惠人情，卻不表示雙方心結已解。

事實上，由宋美齡導演的孔令侃奪權計劃並沒有結束。一九八八年一月蔣經國逝世，島內政治風雲突變，為了誰來接任黨主席上演了一齣驚悚劇。本來依例應由副總統李登輝接任，但高齡九十的宋美齡突然寫了一封信給當時的國民黨秘書長李煥，表明希望把此事推遲到五個月後的國民黨大會再決定，亦即應暫緩讓李登輝當國民黨主席。宋美齡此舉是想為孔令侃復出鋪路，一圓他的行政院長夢，而當時黨內高層確實不乏以李登輝黨齡僅十多年，主張未來應改為集體領導，由此激起台灣政壇巨浪。當然最後宋美齡並沒有成功，國民黨臨時中常會仍然通過由李登輝代理黨主席，孔令侃的奪權夢再度破碎，四年後在紐約去世，享壽七十六歲。

第5章

蔣經國的愛情世界

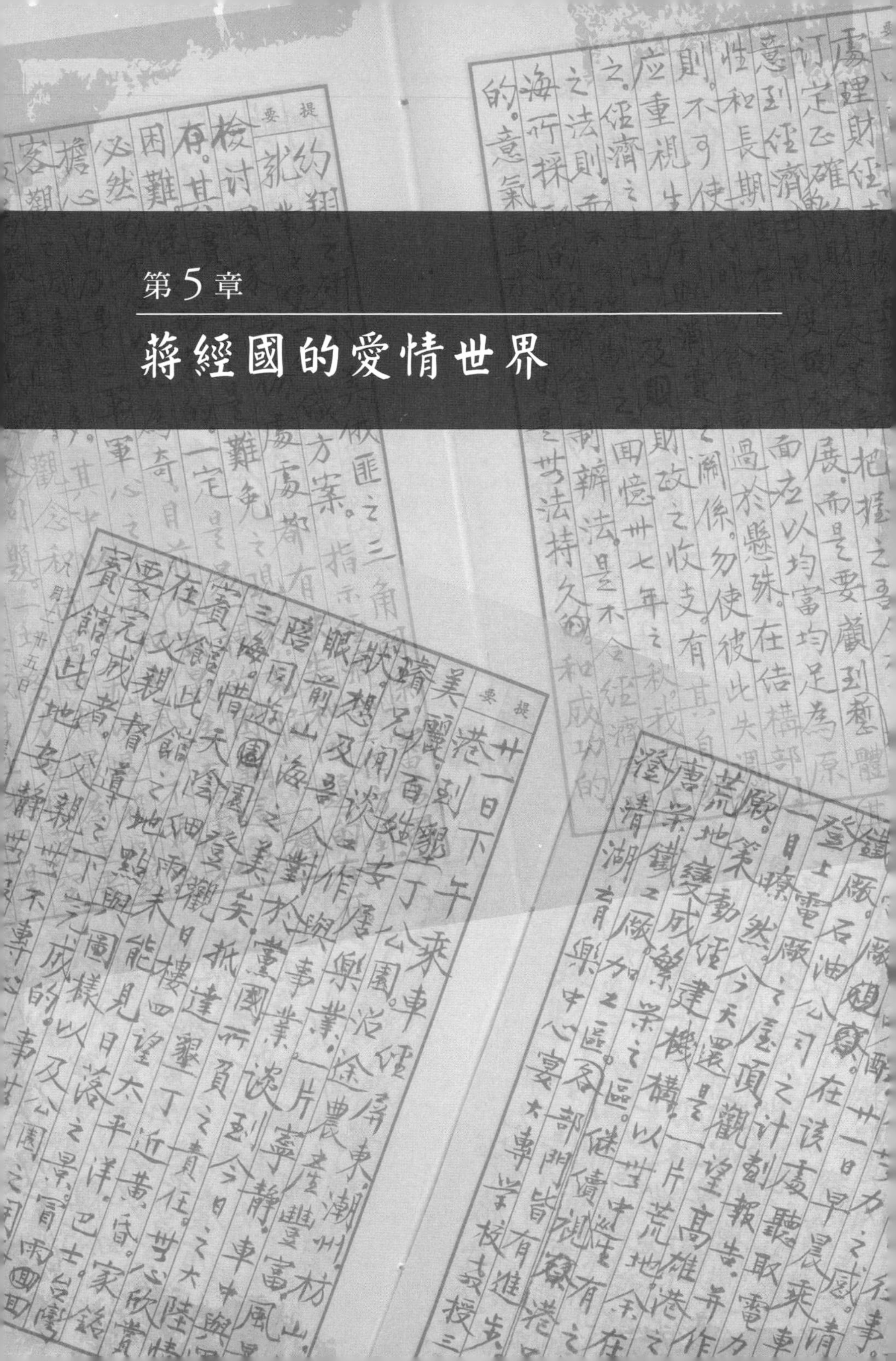

蔣經國與章亞若——私生子之謎

閱讀《蔣經國日記》，很難不去想找出他對章亞若的回憶紀錄。蔣與章的婚外情早在解嚴前幾年已非敏感話題，但是關於蔣、章的交往以及婚外生子，特別是章亞若的死因，迄今並無確切說法。還有，蔣經國生前從未談及此事，即使對家人都不曾提及。那麼他會不會在日記中留下一些紀錄呢？

二〇二〇年二月四日，一個冬陽可人的早上，我在胡佛檔案館翻閱蔣日記，從一九四二年開始查起，一個上午沒有太大收穫，正感到睏乏之時，突然就在一九五四年的日記上，有了驚人的發現。

那年的十月三十日，中央幹校（政戰學校）與青年軍（救國團）舉行聯合祝壽會，慶祝蔣中正總統六十八歲生日，由蔣經國主持，日記中特別記錄此事。同時又記：

「夢見亡友繼春，與其並坐於河邊之大樹下，雖未講話，而夢中之所見，有如在生之時一樣，醒後追念往事甚久。後安、繼春、季虞皆為余最知己之友，而今已先後死亡。繼春為人忠厚，生性樸素，為一最難得之幹部。他在生時曾與章姓女相識，未婚而生孿子，當在桂林生產時，余曾代為在醫院作保人，後來竟有人誤傳此孿子為余所出。後來章姓女病故，現此二孩已十有餘歲，為念亡友之情，余仍維持他們之生活，並望他們有如其父一樣的忠心，為人群服務。」

這是直接否認章亞若所生孿子與他有關，同時明確指出這對雙胞胎的生父是他的老朋友繼春。這真是太驚人的發現了！但日記所述是真的嗎？

蔣經國在日記說，章亞若所生的雙胞胎男孩不是他的骨肉，而是繼春的。「繼春」是誰呢？經查，「繼春」是為蔣在贛南時期的部屬王繼春，曾任上猶縣縣長。另外日記中提到的「後安」則是贛南時期南康縣縣長王後安，「季虞」為小蔣留俄同學、贛南時期蔣的辦公室主任俞季虞。故確如日記所稱，三人皆是蔣經國「最知己之友」，與他的交情很深。

倘蔣日記所說為真，是他的老友王繼春跟章亞若有過一段情，而懷了孿生子章孝嚴、章孝慈，蔣家人會不會是因為看過蔣經國的這段日記，才一直不願意接納章氏兄弟？還有，蔣經國過世之後，章孝嚴已經改姓蔣，兒子也改為蔣萬安了，那麼這段「認祖歸宗」還有效嗎？

根據王美玉著作《蔣方良傳》的記載，蔣孝勇說，有關父親婚外情一事，雖然外界的揣測很多，但是他們在家裡從來沒有提過，尤其他父親在世時，真的從來沒有提過章亞若的事，更別說是章孝嚴、章孝慈兄弟。另據蔣家親友向作者透露，蔣孝勇生前曾問過宋美齡此事，宋美齡搖了搖頭說：「沒辦法呀，我不只一次問過經國，他都說沒這回事！」

由於蔣家家屬並不認同章氏兄弟是蔣經國親生的，也因此，章孝嚴直到二〇〇四年底蔣方良辭世後，才終於完成認祖歸宗的手續，也就是從姓章變成姓蔣，但他的孿生弟弟孝慈則維持原姓。

改姓的程序是如何進行的呢？章孝嚴為了證明自己是蔣家後代，曾經遠赴美國西岸，探訪他身分證上的母親，但其實是舅媽紀琛女士。二〇〇二年章孝嚴到美國訪問舅媽，在中華民國駐洛杉磯辦事處兩位人員的見證下，取得紀女士幾根頭髮拿去做 DNA 化驗，證明紀琛和章孝嚴 DNA 顯示沒有血緣關係，中斷他們法律上的母子關係。

接著還有一系列複雜的法律程序要走，那時台北市府官員明白告知章孝嚴，必須先符合民法一千零六十五條「非婚生子女經生父認領者視為婚生子女，其經生父撫育者視為認領」，經確認有認領條件後，再依姓名條例取得改姓資格而進行申請。由於章孝嚴所指生父「蔣經國」已經過世多年，因此民法一千零六十五條的前半段「非婚生子女經生父認領者視為婚生子女」的法令無法適用，但後半段「其經生父撫育者視為認領」變成舉證的關鍵，最後相關單位應也以此認定經國先生有接濟照顧章孝嚴的事實，而准予改姓蔣。

不料蔣經國卻在日記上記載此孿子非其所出，接濟他們不是因為他們是他的兒子，而是「為念亡友之情」，那麼當年據以認定的改姓根據，是否還有效呢？蔣經國日記在美國史丹佛大學胡佛檔案館公開，會不會使蔣孝嚴的身分再度陷入迷霧，重新成為中華民國前第一家庭的懸案？

話說從頭，關於蔣經國與章亞若的戀情，在許多資料和相關人等的回憶中的確是存在的。根據江西省文史資料委員會編撰的《蔣經國在贛南》一書指出，章亞若當年在贛南行政區專員公署抗日動員委員會擔任文書工作，不僅才貌出眾而且能寫、能演、也能唱，經常和同事一起走上街頭向群眾宣傳抗日。她的表現引起蔣經國的注意，曾在贛南的《正氣日報》撰文表揚她。章亞若為了爭取和蔣經國有較多的相處時間，還主動要求參加蔣經國舉辦的青團幹部訓練班，成為學員後和蔣經國朝夕相處，兩人的感情也迅速發展。「新幹班」結束後，蔣經國把章亞若安排在專員公署的秘書室工作，協助處理公務，有時還陪同到各縣市去考察。一九四二年章亞若已經懷孕，必須離開贛南前往桂林待產。

關於章亞若到桂林待產期間，蔣經國與她的互動，資深媒體人周玉蔻在其《蔣經國與章亞若》一書中，曾對相關人等採訪有極詳實紀錄，且摘錄幾段：

> 章亞若到桂林待產後，「蔣經國到桂林探望亞若，大都是以公務赴重慶、途經桂林為藉口，避開外人耳目，還曾利用化妝手法改變造型，掩飾自己的真實身分。而他身邊由父親蔣委員長指派保護他安危的貼身侍衛人員，也幫著保守機密。通常蔣經國抵達桂林後，並不直接赴亞若居處，總是很小心地將所乘汽車停在距離麗獅路百餘公尺遠之

外，再步行而來。」

在蔣經國一九四一年十一月十六日日記中，也有一段記載：「昨日接慧來信，知其身體尚好，心稍安。但是，無論如何總是不放心。今日忽接慧來信，說我為何不寫信給她？是怨（冤）枉我，前後已去三信，不知為何沒收到。我怪她沒寫信給我，她怪我不寫信給她，都是愛情太切、思念過深之故。相信現在慧已經安慰『無時不念』之意……，希望我慧永遠健康。」這段日記就是熱戀中男女的悄悄話，據查證，「慧」是當時蔣對章的暱稱，章叫蔣「慧風」、蔣稱章「慧雲」，取其風和雲形影不離之意。

據前往幫忙照料的章亞若妹妹亞梅回憶，蔣經國每次來桂林，多半在品嘗亞若親自下廚料理的小菜後，留宿一晚，第二天一早，用過亞若沖調的麥粉牛奶後離去。「這樣一次又一次的相聚，就是亞若在桂林異鄉生活的最大期盼。後來有了雙胞胎，蔣經國每次一進門就雙手捧起兩個兒子，一左一右地抱在膝上逗弄。那幅父子同樂的畫面，章亞梅和桂輝兩人如今想起來，都忍不住落淚，直說永遠不能忘懷。」

周玉蔻還寫道：「做過蔣經國專員公署手下的漆高儒說，蔣經國在亞若離開贛州數月後，曾拿出一張亞若與一女扮男裝人士的合影照片，裝做若無其事地指著那位『男士』說：『章亞若結婚了，這就是她的丈夫。』那時蔣經國似乎就急於掩飾他和章亞若的關係。但這位『男士』其實是章亞若在桂林結識的女性知己，姓劉，是位思想前進的女性，服飾打扮也與眾不同，喜好穿著男性西服，一副年輕俊男的模樣。漆高儒指稱蔣經國出示給他看的那張照片，很可能就是這位劉姓女詩人與章亞若的合照。」

章亞若產子不久，一九四二年夏天即病逝，此後蔣經國即對與章亞若的事噤口，連對家人都不提，更使得一九五四年十月三十日日記上的這段記載，顯得極為突兀！會不會是蔣經國在說謊，別有用心的刻意假造？那麼又是什麼原因讓他需要造假說謊呢？

為了探求原因，筆者經多方查證，發現此事存在諸多疑點：

首先，日記特別提到王繼春「為人忠厚、生性樸素，為一最難得之幹部」，經查一九四三年三月王繼春逝世後，蔣經國確實感到無限傷痛，不但日記中有所記載，還曾寫過一篇文章追念他。而蔣當時雖哀痛繼春過世，但日記並未提及王留下與章女生的孿子，他「為念亡友之情」才照顧他們，為何卻在十一年後另有此否認之記載，此為疑點一。

再者，章亞若一九四二年三月生下雙胞胎，蔣在一週後的日記中曾有記載：「接電報知亞若已生二孿子，欣喜至極。」倘「此孿子非其所出」，屬下何須電報告知，他又何來「欣喜至極」，此為疑點二。

另外，章亞若死於一九四二年八月十五日，王繼春則是一九四三年三月七日才病逝。換言之，章生產時王仍在世，倘二孿子確為王繼春所出，章生產時為何他沒在桂林陪產、而要蔣去當保人，這似乎不太合情理。且經查章生產時，蔣人是在贛南而非桂林，因此手下才會打電報告知，蔣如何成為桂林醫院的保人？此為疑點三。

據此研判，蔣一九五四年十月三十日日記所載，不能排除撒謊的可能。那麼他為什麼要在日記撒謊呢？

更令人驚訝的是，我在閱讀蔣經國日記時還發現，一九四二年八月的日記中，從八月九日到二十日這兩星期的日記不見了（Pages Missing），館方說日記送來時就已如此，顯示這是刻意而為的，可能是蔣經國本人撕掉的嗎？還是蔣過世後，看過日記的人撕掉的？又或是蔣經國一九五四年十月要撒謊時，把更早的心事紀錄給撕去？蔣經國當時面對章亞若的驟逝，心情如何呢？他接受章亞若病逝醫院的種種說詞嗎？這些都因這十二天的日記被撕去，而無法求得解答了。

關鍵時刻 Pages Missing 可以給後來閱讀日記者太多想像了，在那個風雲詭譎、生死權鬥的年代，是與不是的答案，還是要從他的日記中去尋找。

一九五四年蔣經國在國安會擔任副秘書長，仍兼救國團主任，平時都在救國團上班。那年十月六日日記他寫著：「十時出席中常會，三句二語可以解決的問題，討論了三小時半。此會由陳誠主持，此人神經根本不健全，不曉得他講些什麼，令人厭煩到了極點，倘使天天參加此會，則我一定會變成神經病患者。」那是在罵副總統陳誠，當時陳誠反對蔣經國搞救國團，兩人的關係很壞。（另詳第三章）

接著在十月九日的「上星期反省錄」記載：「父親未曾接見熊式輝（註一）和宣鐵吾（註二）他們以及同路者，都說一定是蔣經國在搗鬼。資料組的情報專呈總統一人參考，連副總統都看不見情報。龔德柏（註三）之不釋放，完全是蔣經國的主意，亦有人說蔣經國連總統的命令都不聽了，馬乘風（註四）的被補是蔣經國下的命令造成了事實，使總統無法處理。諸如此類的說法不知道有多少。總之蔣經國是萬惡之首，余個人對此看得非常清淡，如能使人家以余作為攻擊之目標，而不使父親受人之正面攻擊，則於心甚安矣，余如能為父背罪受過，此乃盡忠孝之大道也。」

十月十五日記：「最近在各地所發現的許多反動標語中，在蔣××下加上父子字，這是過去所沒有的。美國輿論對余之攻擊亦甚烈，並且常常登載之照片都是頭髮蓬亂、衣服不整，看起來好像是一個凶蠻之人。這些照片自己亦不知在何時何地照的。其實我有很好的照片而不用，一定要壞照片來登載，在讀者心目中造成最壞之印象，敵人用心之苦亦於此可見也。」

然後在「上月反省錄」又記：「政敵們所加於我的誹謗與攻擊日甚一日，政治空氣之惡劣為從來所未有。敵人們由所謂圍剿蔣經國的策略轉變到陳雪屏所倡導的所謂捧老子打兒子，以及擁護蔣總統拆散國民黨的鬥爭路線，如此惡毒的方法，說明了道高一尺魔高一丈之理，吳國楨、李宗仁與胡適皆以余作為攻擊之對象，而事實上則在攻擊父親也。為兒者極願為父背過，不但如此，兒之死如有利於父親大業之成功亦必樂以為之。」

再記：「但今日內心中所感惶恐者，因兒之過反使父親受辱，如此則生不如死，同時常常東奔西走，何時不可死。近來時有立遺囑之念，此心光明隨時可死。所感覺到心中難以得其安者，乃因余之死必傷老父之心，其次吾妻來自異國，共患難二十年矣，相親相愛，一旦死別彼亦必傷痛無已，兒女四人皆余所切愛者，父子永別，悲痛之情自可想像得到的。一生無積蓄並無分文遺產，只要兒女肯努力上進，天無絕人之路。吾妻雖出生於俄國，而其心則愛我家愛我國，在余死後，願我家人親友切莫異目相視，以慰吾靈。」

從前述日記的記載，已可完整描繪出蔣經國當時正處於能否接班的敏感時期，時常感到心力交瘁。蔣介石雖有心培養他接班，但前有陳誠這塊大石頭，後有黨內外自由派勢力的阻撓，加上他身為「太子」樹大招風，又當了國防部總政治部及總統府機要室資料組這兩個特務組織的頭，還仿效蘇聯共青團成立救國團擴大勢力，更讓他成為眾矢之的。黨內外諸多壓力太大，恐怕也會讓他擔心父親對他的接班安排會否為之動搖。

而蔣經國日記是蔣介石要求他寫的，隔一段時日就會翻閱，因此蔣經國極力在日記中對父親表達忠誠愛戴，不能排除是在對他父親表態做統戰，藉此「鞏固」其培養接班不受動搖。因此才需要在日記中否認其與章亞若的婚外情，及有兩個孿生子在台灣的情形，以免流長蜚短被人故作文章，影響他的接班大事。

當然這只是筆者的推測，畢竟當事人都已不在人世，背景與動機雖然可以用來解釋，卻不能成為考證事實的最後依據。

戰亂漂泊的年代，造化弄人，誰能無憾。但蔣孝嚴兄弟在艱苦環境中成長，力爭上游，學經歷不僅獲得肯定，更難得的是，他自己和兒子蔣萬安通過民意洗禮而從政，足以告慰先人！

只是蔣經國日記的面世，勢必又要掀起波瀾。為免成為世紀懸案，有人建議應該透過 DNA 科學檢驗，以求一勞永逸。不過蔣孝嚴說沒有必要，這樣做是對經國先生的不敬。實際上也不容易做到，因為驗 DNA 需要蔣家後代同意才行，他們未必願意配合。看來蔣經國私生子之謎，短時間內恐怕很難擺脫迷霧了。

附記一　蔣孝嚴談日記記載，認係 a Little White Lie

蔣孝嚴是到讀高中時，才聽外婆說起，他的生父是經國先生，但經國先生從來沒有見過他和孝慈兩兄弟。他唯一一次見到經國先生，是在外交部當科長時，一次教廷的宴會上遠遠的見到經國先生，蔣孝嚴說，當時真的很想叫他一聲爸爸。

在得知經國先生日記裡，竟然出現「章亞若生的雙胞胎不是他的孩子」的記載時，蔣孝嚴一開始感到很驚訝，並立刻聯想到：如果母親還在世，知道這件事心裡會怎麼想？「應該很難過吧！」

至於經國先生為何會在日記裡留下這段記載？蔣孝嚴說，他猜測可能是要寫給老總統看的。因為當時經國先生的處境很困難，為了接班，政敵很多，內外局勢交迫，他怕這件事會被人拿來作文章，所以就在日記上撒了一個白色的小謊（Little White Lie）。這也讓他更能理解，為何經國先生都不方便見他們兩兄弟。

問到當年改姓時，為何沒想到和蔣孝武、蔣孝勇驗 DNA？蔣孝嚴說當時和孝武、孝勇已經互動很多，私下就像兄弟一樣，因此覺得沒有必要，只和舅媽相驗，證明他不是舅舅和舅媽的小孩。加上王昇將軍出具證明，確實有代表經國先生資助撫養的事實，就這樣完成民法規定的程序。

如果現在有人質疑他不是蔣經國的小孩，願意再和蔣友柏等人驗DNA嗎？蔣孝嚴苦笑著說沒有必要，他覺得這樣是對經國先生不敬，侮辱先人。

蔣孝嚴辦公室裡掛滿了蔣介石和蔣經國先生的照片，顯然他非常思慕這個曾經是國家元首卻沒能在生前相認的父親。在蔣孝嚴心裡，蔣經國就是他的父親，他就是經國先生的後代。

附記二　林孝庭：美中央情報局一九八〇年代已認定蔣孝嚴為蔣經國之子

（二〇二〇—〇六—〇一世界日報／記者李榮／史丹佛報導）近來有報導指，中華民國前總統蔣經國在其日記提到，章亞若所生的雙胞胎不是他的骨肉。這種說法引發爭議。史丹佛大學胡佛檔案館東亞部主任林孝庭五月三十一日表示，一九四〇年代蔣經國日記裡多處提到他對章亞若的愛，在章亞若即將臨盆前夕，甚至一度準備向妻子蔣方良全盤吐實；美國的中央情報局也早在一九八〇年代，就已認定蔣孝嚴是蔣經國之子。因此，蔣經國在日記中對於親子關係未講實話，應該是有其他考量。

林孝庭舉例，蔣經國曾寫說，一到沒有上班的星期假日，「即自覺精神無寄託之處，心甚不定」，可見蔣對於不能與章亞若見面的痛苦。蔣經國也自認他愛章亞若乃「出於至誠，發於內心」，只是因為大環境因素，有許多對不起章亞若的地方。蔣經國多少心中有愧，並自問「不知其能諒我之苦心乎？」

林孝庭說，蔣經國在一九四二年初、章亞若即將臨盆前夕，一度準備向妻子蔣方良吐實，認真考慮結束與蔣方良七年的婚姻。然而，他擔心此舉對於尚未成年的蔣孝文、蔣孝章的衝擊，以及對兩人前途上的影響。

但是又為何到了一九五四年，蔣經國的態度有如此大的轉變，在日記中不認自己的骨肉？林孝庭認為，當時的蔣經國已位居國民黨內權力接班梯隊，內外政敵環伺下，不能讓早年這段無疾而終的婚外情成為政治更上一層樓的阻礙。此外，蔣經國也無法不考慮父親蔣介石對於此事的觀感，因而矢口否認他與章亞若的往事。

只是，既然是日記，何必欺騙；而且，在日記中欺騙，日記的信度也可能遭受質疑。

對此，林孝庭認為，日記作為歷史研究的來源之一，具有強烈的個人主觀性，本來就不等同於歷史事實，必須參照其他各方檔案資料對照佐證，才能拼湊出史實的原貌。他強調，蔣經國或許在某些敏感話題上，並未在日記裡全盤吐實，然而，要說一個人連續四十三年，天天不斷寫日記來欺騙自己，「似乎也不合理」。

林孝庭並展示美國中央情報局一九八五年初一份標題名為「台灣政治繼承」的機密文件。內容清楚指出時任外交部北美司長章孝嚴的父親，就是中華民國總統蔣經國。林孝庭表示，當時蔣經國還在世，他與章亞若的婚外情仍是一個禁忌話題；神通廣大的美國情報單位既已認定章孝嚴與蔣經國的骨肉關係，「這份解密檔案或許可以提供我們思考此事的一個重要線索。」

註一　熊式輝曾任東北行轅主任，一九四七年六月十五日蔣經國以東北外交特派員身分飛抵瀋陽，曾與熊交手過。八月二十九日，熊式輝被免去主任職，一九四九年後寄居香港與澳門，並在曼谷經營紡織廠，一九五四年到台灣，一九七四年病逝於台中。

註二　宣鐵吾曾任上海市警察局長兼松滬警備司令，在任期間，積極配合蔣經國的打虎運動。一九四九年後移居香港，一九六〇年應蔣經國、陳誠的邀請到台灣，一九六四年在台北病逝。

註三　龔德柏是著名的政論作家，經常公開痛罵國民黨黨政要人，一九五〇年三月九日被情報局逮捕監禁七年。由於蔣經國是在一九五〇年三月就任國防部總政治部主任，黨內有傳言，認為這是特務機構在替蔣太子立威，即使蔣經國事先不知道，事後應該也了解內情。

註四　馬乘風曾任第一屆立委，由於替兩位舊識當保證人申請來台灣，其中一位有匪諜嫌疑被捕，特務因而挖出馬在大陸時期的不堪往事。當時，蔣經國已經擔任國防部總政治部及總統府機要室資料組這兩個特務組織的主任，主張應不管立委身分，必須積極查辦。一九五二年二月，蔣介石下令逮捕馬乘風。

蔣經國與蔣方良——異國婚姻的哀愁

蔣經國與方良的異國婚姻，是蔣經國人生的特殊因緣。關於兩人的情感坊間有諸多傳說，王美玉著作《蔣方良傳——淒美榮耀異鄉路》，以蔣孝勇的視角為主，傳達的是為人子者希望給外界的父母印象，多少有為長者諱的考慮；由翁元口述、王丰撰稿的《蔣經國情愛檔案》，呈現的則是一個家僕眼中的主人形象，所謂「僕人眼中無聖賢」，書中還充斥許多「江湖傳言」，使整本書讀起來更像是章回小說。

究竟蔣經國與方良的婚姻如何，坦白說除了他們本人之外，外人包括他們的親人在內，恐怕都未必說得清楚。閩南語俗諺：「蚊帳內的世界」只有自己最清楚，更何況兩位當事人墓木已拱，此事又如何對人述說。然而如果以一個普通人而不是蔣家人的角度，來看蔣經國與方良的感情生活，或許還能找到更接近真實的答案。

蔣方良生於俄帝時期的奧爾沙（今白俄羅斯維捷布斯克州），一九三二年，十六歲的他在烏拉爾河附近的工廠與蔣經國相識，進而相戀，並於一九三五年三月十五日結婚。當時的蔣經國身處異邦極寒之地，人生地不熟，幸得方良的協助才能熬過難關。蔣經國對此十分感念也懷念，在一九七九年三月十五日的日記寫道：「今天是結婚四十四週年紀念日，想起往事感慨太多了，多少大變化又是多少大痛苦，含恥忍辱，只有自己知，亦絕非筆墨所能寫出。自結婚以來，還是在開始一、二年自食其力，帶隔日之糧，有時靠借貸為生的苦日子，是我夫妻最愉快的時候。」

寫日記時的蔣經國已經是中華民國總統，無論權力或榮耀堪稱皆達人生的巔峰，但他最懷念的卻是剛結婚頭一、兩年時，夫妻倆「自食其力、辛苦過日」的歲月，還說那是一段最愉快的時光。說明他對方良的感情是真摯的，而且越陳越香。

所謂「少年夫妻老來伴」，年輕時的蔣經國儘管有再多的荒唐緋聞，與妻子方良吵過多少次架，到老年時這一切都已昇華為親情，濃得化不開。但是方良的一生其實是孤寂的，她從西伯利亞到中國，再從溪口到台灣，一路走來失去了祖國與故鄉。即使在台灣都待了幾十年，也很難「日久他鄉變故鄉」。她雖貴為第一夫人，除了大直官邸之外，台灣其他地方她都是陌生的。這也讓蔣經國晚年時，對老妻更感疼惜與不捨。一九七八年三月十七日日記記載：「十五日為我結婚紀念日，回想四十三年來之夫妻生活，甘苦與共，今日已是老夫老妻，內心相安。」傳達的或許就是這樣的一種心境。

一九七九年三月的日記還提到：「回國後先母在世，不但不嫌棄妻為異國女子，而且待其比自己親生子還要好，回想起來悲傷至深，未能久侍母親乃為一生之痛。」而在七月二十一日則記載：「中國人中，真誠愛我妻者，先母一人而已。」顯然出於對老妻的憐惜與不捨，益增蔣經國思母之情。蔣經國對母親毛福梅有很深的依戀，即使已經死別幾十年，日記中仍經常出現對亡母的追懷思念。如果說毛福梅是婚姻的犧牲者，方良何嘗不也是為夫婿委屈了一輩子，而這是在她嫁給蔣經國之後，就已註定的了。

從一九三六年離開俄羅斯，方良就不曾回過故鄉。一九八八年，蔣經國逝世，從此七海官邸更顯冷清。到了二〇〇〇年，她的三個兒子相繼去世，那幾年每通來自榮總的電話鈴聲，都在催促她再趕一趟傷心路程，她內心的苦痛，又豈是「傷心」二字可以形容。二〇〇四年十二月十五日蔣方良病逝於台北榮民總醫院，享壽八十八歲。這位來自異國的弱女子終於走完她奇特的一生，遺體火化後與蔣經國先生相伴長眠於大溪。

第6章

蔣經國是不是改革者？

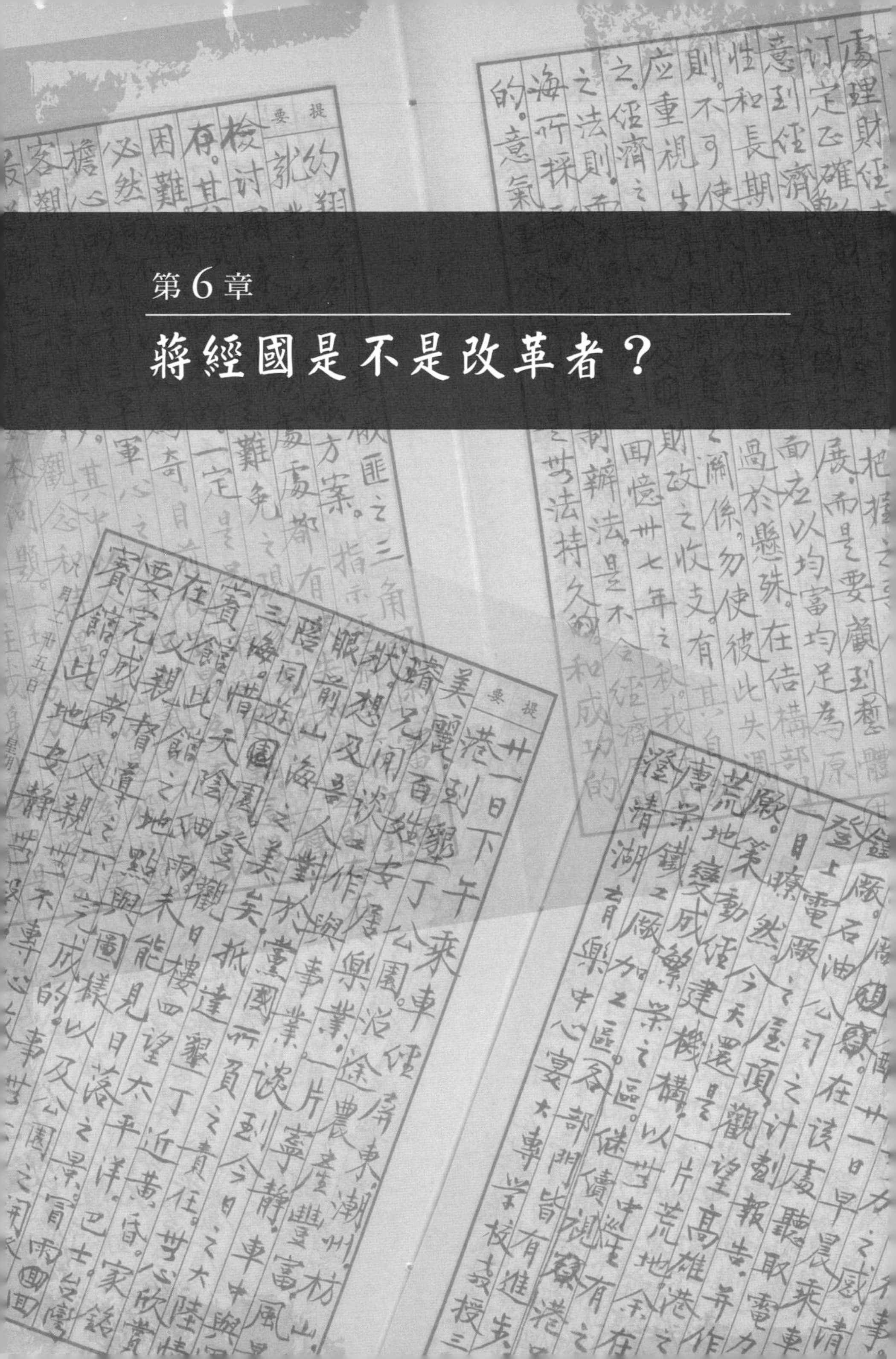

「蔣經國是不是改革者？」這是筆者在閱讀蔣經國日記時，腦海中一直揮之不去的疑問。

眾所皆知，台灣在一九八〇年代後期民主化大幅躍進，解除戒嚴、大陸探親、開放黨禁、報禁等重大政策，都是在蔣經國在世最後兩年完成的，影響以迄於今。所以無論喜不喜歡他，台灣的民主化與蔣經國是脫離不了關係的。

但是前期的蔣經國，在人們眼中卻是完全不同的印象。無黨籍的台灣耆宿高玉樹認為，蔣經國必須對台灣一九五〇年代的殘酷鎮壓負責。前監察院長王作榮在自傳《壯志未酬》也指出，「在一九五〇年至一九六〇年代，可說是政府的高壓威權時代，而主控這一段時期權力的便是經國先生，這可說是人盡皆知的事。……遷台早期，簡直是恐怖統治，以後雖稍放鬆，仍是絕對威權統治，毫無民主氣息。而且為求將來能繼承大位，不著痕跡地、但無情地、不擇手段地整肅對自己有妨礙者，甚至一再用冤獄羅織入罪，所以我對他的印象不佳。」這也是真實的蔣經國，兩個完全不同的蔣經國，究竟是如何出現轉變的？我們又該如何看待他的功與過？

許多研究顯示，經濟發展是走向民主的必要條件，雖然經濟發展不一定會帶來民主政治，但是貧窮國家幾乎沒有轉型民主成功的例子。台灣的經濟是在蔣經國主政時期開始起飛的，從一九七二到一九八八這十七年間，台灣的國家產出（GNP）成長將近十六倍。由於經濟發達、加上教育普及，中產階級成為社會主流，為民主開放奠定基礎。因此，如果說蔣經國對台灣民主有一定功勞，應該是公道的。

但是經濟發展並不保證帶來民主政治，民主發展除了要有經濟作為必要基礎，還需要其它充分條件配合才行。筆者認為，台灣的民主化是在幾大項因素之下促成的，其中有內在因素也有外部因素，有普遍因素也有特殊因素。

內在因素就是台灣從日治時代即已存在的人民反抗精神的延續，按照學者吳乃德的分析，台灣第一波民主運動發生於日本殖民統治之下，它是台灣人追求現代性的起步，也是一個全面性的啟蒙運動。第二波民主運動出現在一九五〇年代，初期以外省籍自由主義知識分子為中心，對蔣介石的獨裁統治提出挑戰，後期開始超越言論層次，和具有社會基礎的本土菁英結合，試圖成立反對黨。雖然最後行動失敗，卻成為後來者的精神遺產，而在第三波民主運動中完成。在台灣第二波民主運動中，蔣經國毫無疑問是壓迫者的角色，這從他一九五七年五月日記對殷海光的批評即可看出。而在第三波民主運動，蔣經國的角色就比較複雜，後面將會談到。

早期推動台灣民主發展的內在因素，有兩個特殊條件是其他地方所沒有或少見的。一個是省籍問題導致的威權軟化，一個是國共制度對抗產生的民主假戲真做。省藉問題常被認為不利於社會的團結，尤其台灣民主化以後有些政治人物把省籍當作動員武器，造成社會撕裂，十分不道德。但是在戒嚴時期的省籍問題，卻曾微妙地發揮了軟化威權的作用。一九五〇年代白色恐怖時期，許多人無故失蹤甚或遭殺害，據統計其中以從大陸來台的外省人居多，原因雖和當時極力肅清共諜、從大陸來的人容易受牽連有關，但本省人占台灣人口的多數，多少也讓「少數統治」的國民黨當局在揮出鐵拳時有所忌憚。一九六〇年雷震結合多位本省籍領袖發起成立反對黨，最後雷震被以「包庇匪諜」的罪名入獄，但當局對於高玉樹、李萬居、吳三連、郭雨新、郭國基等參與組黨的本省籍人士則不敢如此明目張膽地鎮壓。

省籍問題對台灣民主發展起到的積極作用，同樣可以從蔣經國日記中得到佐證。一九七〇年蔣經國赴美訪問，在紐約遭台獨人士刺殺未果，事後蔣經國曾問身邊的人：「台灣人為什麼要殺我？」隔年中華民國被迫退出聯合國，國民黨政權驟然失去了大中國的代表性，必須思考如何在台灣長治久安，自然不能再迴避用人本土化的問題。這種轉變需要一個過程，因此對於立委康寧祥一九七五年針對當時公務員考試歧視本省人提出質詢，蔣經國在日記上就直批這是在「挑撥政府與人民、台籍與大陸籍同胞的感情」。

然而蔣經國罵歸罵，落實用人本土化畢竟還是從他開始的。

省籍問題有助於軟化威權統治，還與台灣從一九五〇年代就有地方選舉有關。當年國民黨自居為「自由中國」，以區別於對岸的「共產中國」，既然是自由的、民主的國度，當然不能沒有選舉。不但選舉要辦，媒體與學校教育即使強調大敵當前、戒嚴有其必要，宣傳與傳授的主要仍是西方那套民主價值。這樣的言行不一，以及思想與行動的落差，使得戒嚴時期的選舉充滿矛盾，一方面威權政府為了統治的正當性不得不辦選舉，但為了確保政權的生存和穩定，又必須掌控選舉結果，作票舞弊於是成了必然之惡。一九七七年十一月十九日蔣經國日記記載：「難道只有選舉才算是民主政治？……但是又不能不辦！」可說是蔣經國對民主選舉最露骨的質疑，巧合的是當天晚上，中壢事件就爆發了。

由於選舉成為表達民意、爭取民心的重要舞台，每次選舉就成了政府與黨外的攻防戰，政府力守、黨外主攻，在雙方攻防之間，許多禁忌議題被搬上檯面，出現了所謂的「選舉假期」。就這樣，冷酷的戒嚴體制被一次又一次的選舉衝撞，久而久之威權統治就逐漸軟化了。

至於影響台灣民主發展的外部因素，主要來自美國。美國除了透過軍事協防與經濟援助穩定台海局勢，在文化流行、意識形態乃至價值觀等方面也深刻影響台灣社會。特別是一九七〇年代末台美斷交後，到一九八〇年代風起雲湧的黨外運動，美國的背後支持至為關鍵。這也讓蔣經國對美國愛恨交加，日記中有大量痛罵美帝的記載。從一九五七年的劉自然事件、一九七〇年的紐約刺蔣案、一九七一年退出聯合國，一九七七年的中壢事件，到一九七九年年初台美斷交以及年底的美麗島事件等重大事件，都可以看出蔣經國面對美國的施壓，既感憤怒又痛恨至極，多次以「蠻橫」、「惡毒」、「卑鄙」等字眼批評美國，甚至在日記寫下：「美國不是民主國家，而是民亂國家。」反過來恰恰證明，美國因素對推進台灣民主發展起到的作用。

除了美國因素，筆者查閱蔣經國日記還發現，中國因素對台灣的民主發展也產生了一定作用。這主要是指鄧小平推動改革開放的影響。一九七八年十一月中共召開十一屆三中全會，決定走向改革開放路線，蔣經國深知此後的兩岸競爭即將進入一個新的階段，一九七八年十二月十日日記記載：「……，大陸匪區內鬥日益擴大，本應集中精力應付此一大變局，惜內部又多事，苦哉！」隔天又記：「匪區之政治發展情況，反而加深了對我處理內部問題之不利，而美國又在拆我後台，惡劣的形勢緊迫而來，……，今天是我考驗忍耐和堅強的時候。」所謂「匪區之政治發展情況」，就是指大陸走向改革開放，讓他擔憂在中共加緊對台統戰攻勢之際，如以強硬手段鎮壓黨外，將失去海內外民心，不能不有所忌憚。

必須指出的是，由於蔣經國日記只寫到一九七九年底，日記上的記載自然有其時空上的局限。根據吳建國在《破局》一書的描述，蔣經國在第一任總統任期內（一九七八～一九八四），雖然已有推動變革的規劃，但基本上還是相當保守的，無論是內部政治改革或對大陸政策，都堅持以「維護台灣安全與安定」為首要考量。尤其在中壢事件與美麗島事件發生後，以王昇為首的保守勢力大為擴張，反映蔣經國當時的政治思維。這也是閱讀蔣日記必須留意之處，因為日記無法及於一九八〇年代以後的狀況，如果只看當時日記的記載，據以判定蔣對民主的態度，將流於片面而不完整。

一九八〇年代國際潮流出現巨大變化，發軔於西班牙、葡萄牙、希臘的第三波民主浪潮，此時已擴散到亞洲的南韓與菲律賓。一九八三年菲律賓民主運動領袖艾奎諾在馬尼拉機場遭槍殺，引發百萬人走上街頭抗議，最終迫使獨裁者馬可仕下台逃亡，對蔣經國的衝擊可想而知。更早之前，一九七九年十月南韓大統領朴正熙被情報部長殺死，已經讓蔣經國膽戰心驚，日記上留下大量記載（詳本書第二章）。再加上「林宅血案」、「陳文成命案」、「江南命案」接連發生，還有讓社會動盪不已的「十信案」，這些重大事件接連發生絕非偶然，顯示既有的統治機器已經失靈乃至崩壞了，如不改革就只能等著別人來革命了。

因此筆者傾向同意，蔣經國生前最後幾年的改革，是不得已而為之的改變。蔣經國並不是個改革者，他的改革是被迫的。

但是否因此就可以說，蔣經國對台灣的民主毫無貢獻？這點筆者並不同意，理由如下：

一、蔣經國雖然是在情勢所逼之下做出改革，但也因為他晚年採取的寬容政策，讓台灣的民主化能在較短期間內完成，而且沒有造成太多人傷亡，社會沒有付出太大代價，這不能不說是蔣經國留給台灣的政治遺產。

二、蔣經國儘管是在壓力下被迫改革，他對國家方向與何謂國家利益，一直十分清晰而堅定。一九七〇年代後期，蔣經國同時面對美國（斷交）、中共（統戰）和黨外（選舉）的挑戰，對他是極大的考驗。從一九七八年十二月六日的日記記載，可以看出蔣經國面對危局時的處置，當天他主持中央常會，日記上記載：「處此緊要關頭，必須以始終如一的態度，貫徹以下之基本政策：（一）絕不與共匪妥協；（二）絕不與蘇俄交往；（三）絕不讓台灣獨立；（四）絕不讓反動派組成反對黨。這是救國護黨之要道。」以上四點除了最後一點，台灣至今歷經三次政黨輪替，仍然是藍綠主政者奉行的國家方向。

三、蔣經國應對美國的謀略值得後人引為參考。美國雖是國民政府遷台後的最大依靠，但蔣日記中經常出現怒責美國的記載，毫不掩飾對「美帝」的厭惡。不妨看看一九七九年二月二十三日的這段記載：「美國既無遠算又無近謀，尤其被共匪利用上其圈套，步入了新的危局。我們的處境亦日趨複雜嚴重。總之，如何擺脫依賴美國的心理，而能獨立自強，乃是唯一的出路，一切靠自己。」這就是說他為了國家利益，還是要與美國維持實質關係，但同時也提醒自己必須獨立自強，擺脫對美國的依賴。特別是在國防建設上，自一九七九年台美斷交後，蔣經國即著手推動新的陸海空建軍方案，並在九

○年代後期陸續開花結果，於此可見蔣經國治國謀國之遠見。

四、蔣經國應對中共的策略值得借鑑：蔣經國年少時即赴蘇聯，對共產黨的本質知之甚深，茲以一九七九年七月十三日日記為例，日記寫道：「……，目前最為重要的，是在鞏固本身力量，消除船上意識，避免恐慌情緒，培養戰鬥的膽量以顯示充滿信心，借重民間諍言，沉潛以便致遠，近可安台，遠可復國，政治民主化，經濟均富化，社會福利化，教育普及化，文化民族化，我們要打敗敵人，一定要以大膽和智慧來創造自由、民主、和法治的政治環境，完成以小化大的形態和品質，也就是以台灣光復大陸的基本理論依據，亦是解決統一中國之正當大道。」

四十年後重讀這段日記，至少有兩層意義：一、蔣當時同受黨外與中共挑戰，日記中提出一系列應對做法，包括要「消除船上意識」，這是蔣看了台大教授楊國樞文章後的心得。所謂消除船上意識，指的就是要有同舟一命的共識，不能再存臨危跳船的想法，也就是後來所謂的「命運共同體」。二、蔣雖然還是將黨外運動與中共陰謀連結一起，但中共推動改革開放也對他造成壓力，因此要有「近可安台，遠可復國」的國家發展藍圖，兩年後他發表「三民主義統一中國」政策路線，已在此時留下伏筆。

五、蔣經國對促進族群融合的努力，應予肯定。蔣經國雖然是個威權統治者，卻不是高高在上的皇帝，他喜歡走入民間，與一般民眾話家常，讓許多台灣人民感受到這個「外省人總統」的親切感，無形中消弭了許多省籍上的隔閡。更不用說國民黨的本土化，就是從他任內開始的。一九八七年七月二十七日，蔣經國邀請十二位地方父老茶敘，在會中他說：「我在台灣住了四十年，我也是台灣人。」這句話由別人講可能流於虛假，但蔣經國是真心愛這塊土地，以實際行動來「愛台灣」的人，歷史應當給他公道評價。

即此五點，筆者要說，蔣經國雖然不是改革者，但他對台灣民主是有功的。

附記——二〇一八—〇一—十二

德國之聲專訪：「官二代」蔣經國為何開放民主？

台灣「旺旺中時媒體集團」新近一項民調顯示，蔣經國辭世三十年後，仍有半數以上台灣民眾認為，他在歷任領導人當中對台灣社會貢獻最大。那蔣經國為什麼能有如此民望呢？「旺旺中時媒體集團」資深媒體人黃清龍接受了德國之聲的採訪。

德國之聲：一九八八年一月十三日，時任總統的蔣經國先生逝世。作為台灣的資深媒體人，您覺得三十年後的今天，應當如何評價蔣經國的是非功過呢？

黃清龍：從他一生的經歷來講，蔣經國先生是一個複雜的人。年輕時，他是一個狂熱的共青團一分子。雖然是個「官二代」，但也在西伯利亞吃過苦。但現在台灣民眾所了解的蔣經國，則主要局限於蔣經國的後半生，特別是他擔任領導人以後，尤其是在生命晚期，解除戒嚴、開放民眾赴大陸探親。而正是這兩件開明之舉，使得他在所謂「白色恐怖」時期擔任情報部門領導人的行為得到某種程度的寬宥。《中國時報》發布的一個民調顯示，卸任的歷屆台灣領導人當中，蔣經國受歡迎程度最高，受訪者普遍認為，蔣經國對台灣社會貢獻最大，超過了他的父親蔣介石和繼任的李登輝。

德國之聲：正如您所說，蔣經國的個人經歷很複雜：共產主義者，民族主義者，獨裁者。那您覺得，是什麼因素讓他最後帶領台灣和平地走上民主道路呢？

黃清龍：我不太主張，將這一切歸功於他個人的英明。當然不能否認，如果最後不是蔣經國拍板，那麼台灣的民主化進程可能會走不同的道路。我們更應當關注當時台灣的內外環境。就外部環境而言，國府一九四九年到台灣之後，美國對台灣的影響非常之大。在所謂黨外人士同國民黨的抗爭中，美國向國民黨施加了不容忽視的壓力。此外，台灣在日據時代，就有過住民自治運動，應當說，當時台灣就有了比較成熟的民主訴求。一九四九年之後，雖然台灣實施戒嚴以及同大陸陷入敵對狀態，但民間的民主訴求仍血脈相承香火不斷。也就是說，對民主的追求，在台灣社會是有土壤的，是有傳統的，是得到民眾一定程度關注的。另外一個問題是，國民黨從大陸過來，他們被認為是在台灣實施了少數派統治，統治對象則是占多數的本省人。這樣一來，省籍問題在黨外力量同國民黨的抗爭中扮演越來越重要的角色，以至於蔣經國不得不面對這樣一個問題：即國民黨要在台灣生根立足、長期發展的話，就必須實現本土化。這樣蔣經國就開啟了十大建設以及用人的在地化等一系列措施，就是讓本省人更多的進入政府層面，李登輝就是一個代表性人物。

另外一個不容忽視的偶發事件，就是江南事件。江南事件對台灣民主化的影響直到目前還無法進行百分之百的評估，但這一事件使得蔣經國完全失去傳位給兒子的可能性。

總而言之，蔣經國開放台灣民主的因素有很多，包括外部的、內部的、結構性的以及偶發性的。

德國之聲：您剛才一一列舉了當年蔣經國先生開啟台灣民主的種種因素。在您看來，台灣的民主化轉型對中國大陸有值得借鑒之處嗎？

黃清龍：確實有很多人問我，蔣經國和習近平有沒有可比性？兩個人年輕時都是狂熱的共產主義者，都是官二代，都吃過苦。習近平二〇一二年上台講了「八項規定」，而蔣經國一九七二年當行政院長時，頒布了「十大革新」，兩者在內容上高度重疊。如果繼續推演下去，我們就會問，台灣在一九八七年發生的變化，會不會在二〇××年的中國大陸也發生。當然至少在中共十九大後，還看不出有這方面的跡象。

除了大陸大台灣小之外，台海兩岸最大的一個區別在於，台灣即便在一九四九年之後的戒嚴狀態下，在教育和宣傳體系中，對西方民主也是持積極態度的，把它作為一個追求的目標。我在大學受到的教育，也是培養這樣一種價值觀。也就是說，一批又一批年輕人帶著這樣的價值觀走出校園，走進社會。那中國大陸則很不同，他們對西方價值觀是持保留、否定、檢討，甚至是排斥的態度，這些年甚至推出「四個自信」的概念。台灣民主化的例子放在「第三次民主浪潮」的大背景下看，並無特殊之處。當時西班牙、葡萄牙、希臘以及後來的一些亞洲國家，都在七八〇年代走上了民主化道路。但是中國大陸的情況顯然更複雜，需要更多的觀察。

德國之聲：「旺旺中時」的民調顯示，即便是在蔣經國逝世三十週年後的今天，台灣社會不分政黨與地區，都高度肯定蔣經國為台灣的付出，即使在自認泛綠的民眾中，蔣經國也以四十四％遙遙領先其他卸任領導人。

黃清龍：我講過，蔣經國是一個複雜的人物。但是，他在台灣經濟發展以及解除戒嚴方面貢獻很多，而這也正是所謂台灣經驗的核心。蔣經國在台灣的民主化進程中扮演了關鍵性的角色，這一點功不可沒。

此外，人們更傾向於借古比今，他們喜歡以現在的領導人同蔣經國相比較，而忘記了環境已經大不相同。蔣經國是位開明理性的強權人物，他那時候的環境要單純得多，那時候沒有專門和他作對的媒體，國會裡也不存在有組織的反對黨。台灣現在已經經歷了三次政黨輪換，的確會有一部分人認為，民主化帶來的是無窮無盡的內耗，他們會懷念蔣經國那個所謂高效率的社會。他們認為，那時候沒有省籍問題，沒有統獨之爭。這其實是他們不了解情況，那個時候不是這些問題不存在，而是不允許把這些問題拿到檯面上來。相反，民主化一定導致本土化，引發政黨爭論。因此，蔣經國現在受到廣泛的肯定，在很多程度上，是感知層面，而不是理性的考量。

無論如何，蔣經國在他主政任上，經歷了包括中華民國退出聯合國，和美國斷交，內部的民主化以及美麗島事件等一系列難以應付的事件，因此，我必須給予蔣經國一個比較高的評價。

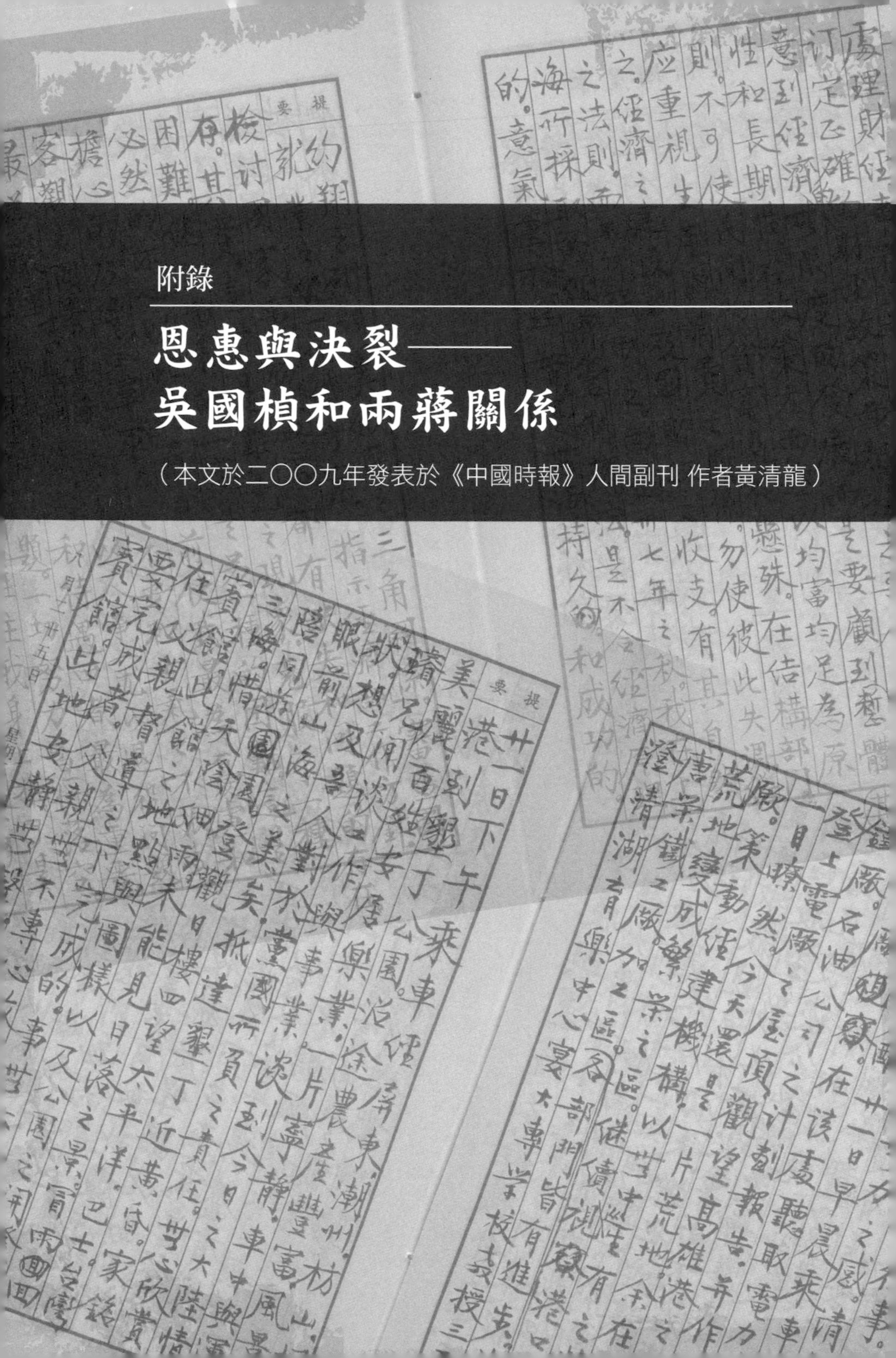

附錄

恩惠與決裂——吳國楨和兩蔣關係

（本文於二〇〇九年發表於《中國時報》人間副刊 作者黃清龍）

吳國楨，字峙之，一九〇三年生於湖北建始。清華畢業後赴美留學，獲普林斯頓大學政治系哲學博士。歷任漢口市長、重慶市長、外交部政務次長、國民黨中央宣傳部長、上海市長、台灣省主席。一九五三年辭台省主席，赴美定居，後任教於喬治亞州阿姆斯壯大學。一九八四年逝世，享壽八十一歲。

蔣介石曾說：「平生待人，未有如待吳（國楨）者。」這是實話。吳國楨留美歸國後，一路受到蔣的重用，卅歲就當上漢口市長；在艱困的抗戰末期，吳曾是蔣所倚重的陪都市長；在動盪的內戰時期，吳國楨主政上海表現出色，被譽為中國的拉瓜迪亞（La Guardia，一九三四～一九四五年紐約市長）。四九年底國府撤退台灣，正當蔣介石處境最黯淡之際，吳國楨在美國力挺下出任台灣省主席，《時代雜誌》以他作為封面人物：一隻巨大的火龍張開大嘴想吞下台灣，旁邊醒目的吳國楨大照片，彰顯出他的砥柱角色。

然而蔣、吳的蜜月期只持續到五〇年代初期。一九五三年四月吳國楨辭去台省主席，前往美國定居。隔年，兩人關係正式破裂，吳國楨在蔣介石心目中也從「忠臣」變成「吳逆」，而蔣則成了吳國楨筆下，「愛權勝於愛國，愛子勝於愛民」的大獨裁者。蔣、吳激烈權鬥的過程，反映出五〇年代國府撤退台灣初期，內外環境的複雜性。這段未解的祕辛，呈現在蔣介石日記上的記載內容，遠比外界所知的還要曲折、複雜許多。本文根據美國史丹佛大學胡佛研究院檔案館最新開放的蔣介石日記（一九四六到五五年）內容撰寫，作者並參照美國國務院解密檔案及《吳國楨傳》等資料，以求其真。

赤化前夕攜家眷遷台

一九四九年四月，吳國楨因瘧疾復發，向時任國民黨總裁的蔣介石請辭上海市長，攜家眷至台灣。八月，美國政府發表「中美關係白皮書」，將大陸淪陷共黨的責任，歸因於「國民黨的倒行逆施和蔣介石的昏庸無能」，這對已然風雨飄搖的蔣政權無異是致命的打擊。八月九日，駐台北總領事麥克唐納（MacDonald）向國務院報告：「此間謠言四起，盛傳吳國楨將取代陳誠。」

十月十日，吳國楨與麥克唐納見面。據國務院解密檔案，吳國楨透露以他為中心的一群國府文官，包括王世杰、董顯光、黃少谷等，堅持省府由文官主導，並將採取一系列改革，如新聞自由、自由企業，並給予台灣人更多政治權利。吳不斷強調他有能力說服蔣介石改變並接受改革，麥克唐納說，吳的說詞給他一個印象，即蔣介石將復出成為國府領導人，並把基地遷到台灣。

十月底金門古寧頭戰役爆發，來犯的共軍被擊退。十一月三日，麥克唐納拜訪蔣介石，傳達美國國務院一份重要的政策文件。這是一九四八年以來，美國官方第一次恢復與蔣接觸。這份文件對國府在台不當施政提出批評，強調美國對台灣的態度，要看「目前中國政府（國民黨）是否能建立有效行政而定」。十一月五日，麥克唐納接獲吳國楨告知，陳誠將被要求辭去台灣省主席職位。

就在這個時候，國防部次長鄭介民應美國前駐華大使司徒雷登電邀赴美訪問。十一月十七日，鄭在華府與美國前海軍上將白吉爾（Admiral Oscar Badger）會面。針對台灣防衛問題，白氏表達美方看法，希望台灣政府能代表各階層各黨派利益，而非國民黨一黨專政，如此台灣人民才能擁護政府。白氏並指出，吳國楨為主持台政之理想人選，如果中國政府能依此而為，美國將提供軍事及經濟援助。換言之，美國是以蔣同意吳國楨出任台灣省主席，作為提供美援的條件。

美國施壓蔣介石無奈

關於白吉爾的備忘錄，據《吳國楨傳》記載，十二月上旬鄭介民從華府回到台北，先一步告訴吳國楨他與白吉爾的談話內容，隔天再向總統府秘書長王世杰報告，王以電報轉呈人在成都的蔣介石。蔣來電指示要王世杰和陳誠先做初步研究，陳誠不願讓位，與王商議由他續任主席，邀吳出任省府秘書長，實際負責處理省政。陳誠找吳國楨談了四個小時，遭吳婉謝。吳國楨拒絕的真正原因在於，早在十一月下旬吳陪美國參議員諾蘭（William F. Knowland）去重慶見蔣，路過香港與杜月笙見面時，杜就告訴吳，他聽蔣經國透露，蔣已決定派吳接替陳誠台省主席的職務。現在吳國楨又從鄭介民得悉美國支持他擔任台灣省主席，當然更不願屈就省府秘書長的職位。

十二月七日，吳國楨拜會麥克唐納，告知他將出任台省主席，但要求如下條件：一、能建立一真正民主形式的政府；二、可自己選擇任命省府官員；三、掌控所有國營與省營組織機構；四、參加所有軍事會議。吳還告訴麥克唐納，蔣介石應會同意其要求，取代陳誠任台省主席。蔣自成都返台後，十二月十一日下午聽取鄭介民報告白吉爾備忘錄經過，當天日記記載：「觀白之條件全為其國務院對中國問題失敗者卸責，並於余低頭認錯而後乃肯轉圜援助。美國外交行動無異幼童撒嬌，非予撫順善慰不可。余決將順其意而行，亦再做一次受辱與倒楣也。」

十二月十三日，蔣與陳誠談對美政策及改組省府問題。陳誠十分不悅，最後勉強同意，但提醒蔣應注意白吉爾談話是否真的代表美國政府？蔣決先派吳國楨代理台省主席，「以試美國援華之態度如何。」當天蔣約見吳告知此一安排。吳國楨表面接受，私下卻向美國官員抱怨蔣的做法。據美國國務院檔案，十二月十三日當晚，吳國楨氣憤地告訴回任駐台總領事的艾德嘉（Donald Edgar），蔣介石不同意他所提出的接掌省府四點要求，目前只給他代理省主席頭銜，若一個月內能夠取得美援，才真除他。吳問艾德嘉在此情況下是否能夠在一個月內取得美援，艾氏回答說不太可能。吳表示將去電蔣介石拒絕接任代理省主席。

隔天蔣改變心意，派空軍專機至台南接回正在向空軍官兵發表演說的吳國楨，告訴他將直接任命其為省主席。當天蔣自記：「此乃無異再冒險一次也」。十二月十五日，行政院院會通過決議，陳誠以「軍事繁重，勢難兼顧，呈請辭去台灣省政府委員兼主席職務」。

提拔台籍掀人事風波

十二月十六日，艾德嘉與吳國楨密談至午夜。吳不斷要求美國派顧問來台，艾德嘉認為可能性很低，吳十分生氣，強調惟有美國派員來，一切舊勢力才能去除，改革才有希望。艾德嘉認為吳的新政府是否穩固，現在預測仍太早。吳國楨上任後意氣風發，提出四大新政措施，宣布起用台籍人士，省府五廳中台籍占三位，廿五位委員中，台籍十七位。三位台籍廳長是民政廳長蔣渭川、建設廳長彭德、農林廳長徐慶鐘。蔣、彭兩人因與「二二八事變」有牽連，名單公布後，各方交相責難，特別是台籍的國代、省參議員，形成人事風波。十二月十九日省參議會開幕，隨即通過休會決議，以表示對省府新人事的抗議。

吳國楨沒有想到事態會演變到如此嚴重，事後被問到怎麼會找蔣、彭擔任廳長？吳坦承他受了「白皮書」的影響，以為美國人提到他們，一定有相當的群眾基礎，結果他錯了。最後還是蔣介石出馬斡旋，僵局才化解。十二月廿四日蔣自記：「台省府改組，經過一番波折，總算妥洽完成，此一大舉實為冒險之最後一著。每念操之在己則存，操之在人則亡之句，不勝憂惶。國楨言行性情皆以依賴美國為唯一救亡之道，更是憂慮。」

吳國楨接事後，託艾德嘉轉達美政府，希望美方履行諾言，從速援助。但國務院沒有正式答覆，且於十二月廿三日祕密通令駐外各使館人員不得過問台灣內政，吳國楨無法向蔣交代，十分懊惱。十二月廿九日蔣日記記載：「台灣省政府改組以後，國務院氣燄更漲，對我政府侮辱情形更難忍受，而其各種挑剔、刁難壓迫、斥責備至，竟將我政府請求其援助之事反置如罔聞，痛心盍極。」

美方敷衍口惠實不至

一九五〇年一月五日，美國總統杜魯門發表聲明，強調美將不以任何方式干預中國局勢，不予國民政府軍事援助。隨後，國務卿艾奇遜補充說明，指根據開羅聲明與波茨坦宣言，台灣已經歸還中國，成為中國的一個省，美國無意在軍事上干涉台灣。

美國政府聲明之後，一時人心惶恐。蔣介石急電駐美大使顧維鈞，將一份備忘錄轉致美方，告以台灣正進行各方面的改革，並舉最近的改組省府人事等為證，請求美方盡速援助，以應急需。國務院官員先是敷衍一番，繼而又對顧維鈞說：「聞孫立人將軍擁虛名而無實權，吳主席亦因受軍事當局之牽制，不能盡量發揮其影響力，當予以實權云云。」

美國的援助遲遲未來，國務院又點名要求蔣給予孫、吳實權，反而讓吳國楨處境更形艱難。一九五〇年一月十四日，美駐華代辦師樞安（Robert Strong）向國務院報告與吳國楨夫婦私宴密談，吳十分心灰意冷，壓力極大，夫人勸他辭去省主席，但吳認為時候未到。

五〇年三月蔣介石復行視事，任命陳誠出任行政院長。三月十一日師樞安向國務院報告指稱，「台灣島內外質疑蔣介石復職的聲浪已平息，目前觀察重點是陳誠與吳國楨的關係。蔣介石似乎支持吳，但也擔心吳在海外有太高支持度，因此有可能以陳來制衡吳。」

陳誠報復與小蔣掣肘

陳誠當初被迫讓出省主席職位，對吳原就有心結，等到他升任行政院長之後，因行政院與省府職權重疊處甚多，陳透過政院各部會欲削減省府職權，兩人的對立遂告表面化。吳國楨向蔣告狀，請求辭職。四月廿四日，師樞安與吳國楨晚餐，吳對自己的職務很悲痛，對台灣前景亦悲觀，認為撐不過明年春天，私下討論家人申請簽證前往美國的可行性。

除了與陳誠的鬥爭，吳國楨還要面對以蔣經國為首的特務系統的干擾。一九五〇年三月，蔣經國接國防部政治部主任，兼轄「總統府機要室資料組」，統一指揮所有黨政特務機構，成了真正的特務頭子，也開啟了台灣「白色恐怖時期」。吳國楨對特務橫行、踐踏人權，十分憤慨，頻頻向美國官員抱怨。而他兼掌台灣省保安司令，實權卻操在副司令彭孟緝手中。彭眼中只有蔣經國，根本不把吳國楨放在眼裡，吳則偏要過問，為此與蔣經國發生衝突。蔣經國於是向蔣介石告狀，八月十一日蔣自記：「為國楨對逮捕匪諜之觀念加以糾正。」

《吳國楨傳》記載了吳「六戰蔣經國」的經過，分別是「上海幣制改革事件」、

「台灣火柴公司案」、「台灣縣市長選舉事件」、「龔德柏案」、「任顯群被誣包庇匪諜案」。最嚴重的是為了中國青年反共救國團經費問題，吳認為救國團是模仿共青團的非法組織，不但拒絕撥給經費，還主張將它撤銷，等同公然與蔣氏父子攤牌。

國際局勢轉對吳不利

這段時間國際環境的變化，對吳的處境更為不利。一九五〇年六月韓戰爆發，第七艦隊巡弋台海，美援恢復。五三年一月艾森豪入主白宮，中華民國正式成為美國的反共盟邦，一度是蔣介石所依賴、美國所支持的吳國楨，重要性已不復存在。加上，美國務卿杜勒斯約見駐美大使顧維鈞，說蔣介石年事已高，吳國楨有政績，應請蔣介石少管政事等等。吳得知後，知道蔣必然不悅，時候已到，他非走不可了。

一九五三年二月，吳國楨再度請辭，蔣派總統府副秘書長黃伯度傳話，只要吳願意和經國合作，要當行政院長或者院長兼省主席皆可，吳沒有接受。後來，蔣約吳懇談，動之以人情攻勢。吳雖感於蔣的知遇之恩，但無法苟同蔣經國的思想與做法，對蔣說：「如鈞座厚愛經國兄，則不應讓他主持特務。如果不做特務，我決盡心協助。」

宋美齡居中緩頰無效

蔣、吳關係惡化之際，蔣夫人宋美齡曾多次出面緩頰，但蔣傳位於子的心意已定，宋美齡也幫不了忙。二月廿二日蔣自記：「婦女多感情用事，一惟主觀與偏見為主，此其所以不能預聞政治也。」三月七日又記：「吳國楨之不能誠實，其玩弄手段至此，殊所不料。余以精誠待彼，而彼反以虛偽對余，可痛。」三月九日，吳給蔣介石上了最後一次辭呈，攜夫人到日月潭渡假，「除非辭職照准，不擬下山。」接下來幾天，蔣日記接連出現批評吳的內容。三月十四日寫道：「國楨驕矜失信，令人絕望。至柔容態傲拙，令人生嫌。因之本週又失眠矣。」三月廿八日又記：「以國楨驕矜狡詐，不能合作，故省政阻滯，非決心改組，不能再求進步矣。」

四月四日，美國新大使藍欽（Karl L. Rankin）到任，向蔣呈遞國書。四月六日蔣宴請藍欽大使，這原是使節呈遞到任國書後定例之宴會，宋美齡花了心思想邀吳國楨參加，被蔣阻止。蔣當天自記：「妻擬邀約國楨參加宴會，余堅持以為不可，以此人不能再予其禮遇矣。」此時蔣已有了撤換吳的想法，但不清楚美方反應，故暫時按兵不動。不料美國大使藍欽積極「保吳」的動作，反而幫了吳國楨倒忙。藍欽先找上總統府秘書長王世杰與外交部長葉公超，表達對吳國楨請辭的看法，希望國府妥慎處理，以免引起誤解，影響兩國關係。蔣介石得知後，四月七日自記：「藍欽用意頗善，但彼為外交官，總有干預人事之嫌。」

蔣決意准辭免生後患

隔兩天，蔣又從陳誠那裡得到同樣的訊息，四月九日又記：「與辭修談國楨辭職問題，乃知藍欽今晨訪問時對其談及國楨事，如日前與王、葉所談者相同，望與國楨留一餘地也，以免其美友對國楨交好者之誤解。彼雖言明不以大使地位說話，而事實上則啟干預人事之端。余乃決心批准國楨辭職，以免夜長夢多也。」

四月十一日行政院通過決議，吳國楨請辭照准，任命俞鴻鈞為台灣省主席。蔣當天自記：「國楨藉美聲援有恃無恐，以為非他不可，故驕矜孤僻，對余亦不在心目，乃斷然准其辭職。」又記：「國楨辭職問題乃為三年來內部之糾紛與我對外關係最為複雜不易處理之事。最近美使雖以私人好意貢獻意見，但總有干涉內政之意，故決然批准其辭呈，此乃政治之加強又及進一步矣。」

五月廿四日，吳國楨偕夫人赴美。出發當天，行政院長陳誠、省主席俞鴻鈞、立法院長張道藩、司法院長王寵惠、保安副司令彭孟緝都來送行。抵美後，吳國楨謹記張群的告誡：「上有老，下有小，凡事要三思而行。」行事盡量低調，不做不利蔣家政權的攻訐。但幼子滯台，形同人質，則讓吳氏夫婦掛慮難安，吳國楨多次致函外交部，都沒下文。

一九五四年三月十六日，吳親自寫信給蔣介石，請求准許外交部發給其子吳修潢赴美之護照，吳並語帶威脅說：「若到四月十五日尚無音訊，則楨知鈞意所在，必當採取另一步驟。」當天蔣日記記載：「忽報吳逆國楨在美開記者招待會，發表荒謬言論，其目的在希望准其次子出國，故詆政府以其子為人質……。可置之不理也。」但蔣也怕這事鬧開了，喧騰中外，對國府不利，加上藍欽從中緩頰，沒多久吳修潢的護照下來了。

護清白強行刊登啟事

一九五三年底，總統府秘書長王世杰突遭撤職，理由是「矇混舞弊，不盡職守」。十一月廿日宋美齡寫信給吳，轉達蔣的意旨，希望吳回國任總統府秘書長，吳回函婉拒。十二月初，台北開始出現謠傳，指王世杰係因暗助吳國楨套取鉅額外匯，因此去職。謠言傳得沸沸揚揚，連美國中文報都發表評論了。一九五四年一月二日，吳國楨去函國民黨秘書長張其昀，請其轉呈蔣介石，對所謂「套取鉅額外匯」事，徹底查明，公布真相。可是，等了十幾天，毫無音訊。

吳國楨不得已，只好自力救濟，擬了一份闢謠的啟事寄交台北老父，囑其刊登於報端。一月廿一日吳父接信後，隔天到台北各報接洽刊登事宜。當晚八時，張其昀突然造訪吳宅，稱：「啟事已呈報蔣總統，總統諭此事政府已經明瞭，請不必登報。」隔天，各報都將已收之廣告費送還。接著，紐約親國府僑報發表社論，指名攻擊吳國楨，一月廿九日，吳國楨發表公開信，嚴厲駁斥僑報的各項指控，並語出警告「請勿逼楨，使不得不言所不願言之言也」。二月七日，台灣各大報突然同時登出「吳國楨啟事」。

吳國楨啟事能夠刊登，顯然是經過蔣拍板的。二月六日，蔣日記記載：「國楨言行漸近於威脅與越軌態度，仍應導之以理，使之覺悟復常，由曉峰（註：張其昀）代為勸慰之。」二月八日，張其昀寄信給吳，信中解釋：「前次，總裁指示不必登報者，純出愛護之意，以為此類無稽之談不必計較。今兄在紐約僑報既有公開信提及此事，則此間自亦無妨同時發表也。」

然而吳與蔣的嫌隙並未就此化解。二月十六日，吳國楨接見合眾社記者，談到他與台灣當局的主要爭執，在於「目前（台灣）的政府過於專權。」這些話經合眾社發表，引起強烈迴響，許多美國報紙紛紛發表評論，嚴厲批評蔣介石的專制。消息很快傳回台灣，蔣至為惱怒，二月十八日自記：「聞吳國楨在美反宣傳，謂政府不民主，運動美報反對政府。霍華德系報紙，本一向擁護我政府，而今居然以吳之談話為據，題為『警告蔣總統』，開始反對矣。吳之虛偽欺詐，本無氣質之人，惟有絕望而已。」

連番炮製「吳逆」罪愆

二月十九日，蔣又記：「吳國楨已公開反動，必欲損毀政府之險惡言行，已經暴露，若不設法防止，必將如毛邦初毀謗欺詐案之重演。彼以拋空公糧，軍民乏食，無法維持而辭職，以及其在職時擅發鈔票，應政府追究而惱羞成怒，尤其是實行耕者有其地的日期將到，而彼違抗政策，此為其辭職請病之真因。」蔣日記上批評吳國楨的說詞，如拋空公糧、擅發鈔票、拒不實行耕者有其地（田）等，幾天後（二月廿六日），成了立法院長張道藩質詢時，對吳國楨興師問罪的理由。

二月廿七日，吳國楨越洋上書國民大會，痛陳政府六大缺失：（一）一黨專政，國庫通黨庫；（二）在軍中設黨組織及政治部；（三）特務橫行，視法律如無物；（四）人權無保障，台灣成了警察國家；（五）言論不自由，報紙停刊，記者被抓；（六）仿共青團成立救國團，壓迫學生，進行思想控制。吳另上書蔣介石，請其「慨然准許將該函交由國民大會代表公開討論，並在台灣報紙准其發表。」

這時蔣對吳已是深惡痛絕，日記上開始以「吳逆」稱之。三月二日蔣自記：「吳逆國楨違法亂紀、挾美自重之行為，若不從速懲治，則將來第二、第三之吳國楨必相繼續出。」三月四日張道藩召開記者會，痛斥「吳逆」違法失職的經過。

三月八日下午，吳寫給國民大會及上書蔣介石的信函寄達台北，當天蔣在日記寫道：「吳逆國楨致國大函件，其內容完全以我父子為攻擊對象，而以黨費與軍隊政工、救國青年團為其主要目標。函中且有『一人一家』等文句，其人之狡猾悖謬，實為從來所未見，痛心極矣。」三月十日，國民大會主席團開會，對吳國楨來函決議不予受理，但轉送代表參考。隔天，台灣各報刊出吳國楨致國大函全文，張道藩又向行政院長陳誠質詢，一口氣列舉吳國楨的十三條「罪狀」，國大代表也紛紛發言駁斥吳國楨函中所述各點，一時之間，吳國楨成了國人皆曰可殺的「公敵」。

三月十七日，國民大會通過臨時動議：請政府明令撤免吳國楨政務委員職務，並應飭令吳國楨迅即回國聽候查辦。蔣介石隨即發布命令，撤免吳之行政院政務委員一職，同日，國民黨中常會也議決，開除吳國楨黨籍。當天蔣自記：「吳逆狂妄荒唐，實為汪精衛所不及，其居心奸詐叵測，蓄意叛黨賣國至此，天下竟有如此人猿耶。」

三月廿日，吳國楨第三度上書蔣介石，就一黨專政、特務組織、救國團等尖銳問題，提出了十二項質問，並為自己遭到的種種誣陷，進行申辯。蔣介石下令台灣各報一律不准刊登，但吳國楨已有防範，信函內容先於美報全文發表。蔣為此徹夜難眠，宋美齡還被惡夢驚嚇，連夜急召西醫來診，弄得官邸人仰馬翻。

三月廿五日，蔣介石在國大閉幕會致詞時，不點名地批評吳國楨「藉外國政治勢力的保護，橫行不道，為所欲為……。」當天自記：「吳逆在美反宣傳，實自三十三年以來，共匪毒辣反宣傳後之最猛烈之一次……，初未料吳逆為其個人對美之準備工作有如此深厚與廣泛也，二十年以來，任其作漢口、重慶與上海各市市長，乃皆為其個人政治野心奠定其如此基礎，此實為今日罕有之大奸巨惡，幸於去年准其辭去（省主席），而暴露其今日叛亂之陰謀，不能謂非不幸中之大幸也。」

三月廿八日，吳國楨第四次上書蔣介石，對蔣在國大閉幕詞的批判提出反駁：「鈞座之意，則凡在國外之中國人不能批評鈞座，若有批評，則與共黨無異。在國內之人亦不能批評鈞座，若有批評，即係犯上，應受處分。嗟夫皇天，是鈞座不願任何中國人批評鈞座而已耳。」

四月三日，吳第五次上書蔣介石，直言：「鈞座之病，則在自私。在大陸則只顧個人之政權，在台灣則於苟安之後，又只圖傳權於子，愛權勝於愛國，愛子勝於愛民，因此遂走上一人控黨，一黨控政，以政治部控制軍隊，以特務控制人民之途徑。」

吳國楨對蔣的針砭可謂刀刀見骨，絲毫不留情面，蔣介石當然是聽不進去的。但蔣也不想繼續和吳糾纏，四月中旬，派吳的舊屬劉文島到美國，尋求和解。此後國府不再攻擊，吳也停戰，這場隔海砲火才告止歇。吳國楨從此流亡美國，直到一九八四年逝世未再踏入台灣一步。

追本溯源，蔣介石當初打出「吳國楨牌」實出於被動無奈，為了爭取美援不得不如此耳。而吳國楨事事仰承美國旨意，乃至挾美以自重，則讓蔣「憂惶不已」，而有「操之在人則亡」的疑懼。蔣、吳關係最後走向破裂，這是遠因。然而導致兩人交惡的關鍵，則是蔣傳位於子的布局，旁人只能配合不能挑戰；偏偏蔣經國那一套仿照蘇聯共黨的統治手法，卻是受過西方教育的吳國楨所深惡痛絕的。於是乎，就像吳國楨生前不只一次說過的：「蔣先生對我的恩惠，我永遠不能忘記。但為了經國，他要殺我，我們之間只好永遠決裂了。」

歷史與現場 282

蔣經國日記揭密——全球獨家透視強人內心世界與台灣關鍵命運

作　者—黃清龍
副主編—謝翠鈺
責任編輯—廖宜家
行銷企劃—江季勳
美術編輯—張淑貞
封面設計—斐類設計工作室

董事長—趙政岷
出版者—時報文化出版企業股份有限公司
108019 台北市和平西路三段二四〇號七樓
發行專線—（〇二）二三〇六六八四二
讀者服務專線—〇八〇〇二三一七〇五
（〇二）二三〇四七一〇三
讀者服務傳真—（〇二）二三〇四六八五八
郵撥—一九三四四七二四時報文化出版公司
信箱—一〇八九九　台北華江橋郵局第九九信箱

時報悅讀網—http://www.readingtimes.com.tw
法律顧問—理律法律事務所　陳長文律師、李念祖律師
印刷—勁達印刷廠
初版一刷—二〇二〇年七月十日
初版八刷—二〇二二年九月十六日
定價—新台幣三八〇元
缺頁或破損的書，請寄回更換

時報文化出版公司成立於一九七五年，
並於一九九九年股票上櫃公開發行，於二〇〇八年脫離中時集團非屬旺中，
以「尊重智慧與創意的文化事業」為信念。

蔣經國日記揭密：全球獨家透視強人內心世界與台灣關鍵命運 / 黃清龍作 . -- 初版 . -- 臺北市 : 時報文化 , 2020.07
面；　公分 . -- (歷史與現場 ; 282)
ISBN 978-957-13-8262-3(平裝)

1. 蔣經國 2. 臺灣傳記

005.33　　109008683

ISBN 978-957-13-8262-3
Printed in Taiwan

要

心戰。迫使我們憂懼退卻。我內部○有少人受不了此一壓力與刺激。㊂有自亂步驟之跡象。我自問沉痛而沉靜。又須致力於改革以安人心。此為安內之急。自上月十二日以來。各大學以至社會已經呈現了種種不穩的現象。新舊兩代之間。本省人與外省人之間。政府與人民之間。都有或多或少的矛盾。如果處理不當。可能發生嚴重的後果。從之。㊃自己如再不從改革。別人就要革我們的命。當改者雖有一番好心。倘使沒有積極的行動相配合。老百姓還是要反對政府的。今天是現實的政

名滬從已任遠國鼎彥士諸員分別來談政戰。黃國書案。交通等問題。都是不易處理而又不能不有所決定的案件。凡是別人怕負責任的難題。莫不向我身上推。我亦決不放棄自己應負之責。惟自知處境日益複雜艱難。負責愈多。不見諒於人者亦必更多

訪膺白伯母談及公私諸事。彼離台在即。所作臨別贈言。含意甚深。令人難忘。長輩中如膺白伯母之愛護我者少矣。彼曰我的心中有你。你的心中亦有我。足矣。數日來白天頻忙。夜间多惡夢。難得有我片刻逸。王昇來談各部